Andreas Krauße

Der verräterische Duft von Schuld

Novelle

⊙ tredition

Andreas Krauße

Der verräterische Duft von Schuld

Novelle

 tredition

Andreas Krauße, Jahrgang 1968, wuchs in einem Märchenland auf, das heute verschwunden ist. Seine feste Burg war umringt von sieben blauen Seen und nicht wenig flachem Land. Schon als Junge flog er hoch hinauf zu den Wolken. Er wollte sehen, was dahinter ist. Später studierte er zwischen hellen Bergen über den Ursprung der Energie. Dort, wo ein König einst sein Gewicht in Gold aufwog. Er wollte wissen, wie alles funktioniert. Zu jeder Zeit aber träumte er! Denn verwoben mit der Fantasie, glitzert die Welt so festlich, wie sie immer sein wollte! Heute lebt Andreas im Norden; er schreibt Geschichten, Novellen und Romane. Es sind seine Träume, in Worte gefasst. Lies sie – genau dafür hat er sie aufgeschrieben!

Impressum
© 2023 Andreas Krauße

4., neu bearbeitete Auflage

ISBN Softcover: 978-3-347-95256-0
ISBN E-Book: 978-3-347-95257-7

Druck und Vertrieb: tredition GmbH, An der Strusbek 10, 22926 Ahrensburg, Germany

Warum nimmt der Mächtige in der Welt
sich nie den einfachen Mann zum Vorbild?
Japanische Weisheit

Yamamoto schloss die schwere Tür hinter sich. Einen Atemzug lang genoss er die Stille im Raum und sog den rauchigen Duft des Küchenofens ein. Dazwischen lag schwer und träge der Geruch der heute bereiteten Mahlzeit. Borschtsch. Yamamoto stieß die Luft durch die gespitzten Lippen und schaltete die Zimmerbeleuchtung ein.

Das trübe Licht der einen nackten Glühlampe unter der Decke langte gerade, um die Schatten von allem hier an die Zimmerwände zu malen. Zu mehr nicht. Die einst grüne Farbe der getünchten Wände war grau und fleckig geworden, der alte Holzboden mit den losen Brettern knarrte bei seinem Tritt nach vorn, und hinter den verbogenen Regalen zog es eisig hervor.

Yamamoto schüttelte sich. Es behagte ihm nicht, das deutsche Schloss Cecilienhof in Potsdam.

Er band sich eine Schürze um und krempelte die Ärmel hoch. Zuletzt nahm er vom Ofen einen bauchigen Topf auf, in dem Wasser dampfte. Er trug ihn zu einem steinernen Trog hin und goss den Inhalt über die darin gestapelten Töpfe und Pfannen. Denn der Abwasch gehörte zu seinen Pflichten. Schließlich war er der Koch. Der Koch von Iossif Wissarionowitsch Stalin.

Ganz in Gedanken drehte Yamamoto an einem rostigen Wasserhahn. Gurgelnd fiel eiskaltes Wasser hinab in das steinerne Becken und mischte sich darin mit dem heißen Nass. Immer wieder tunkte Yamamoto prüfend eine Hand ein.

Während er so wartete, erkannte er durch das Fenster hindurch die Soldaten im Park. Rotarmisten mit

Gewehren hielten dort draußen Wache. Sie waren die reglosen Schatten im Dunkel. Keinem Eindringling war es bisher gelungen, durch ihre Reihen zu schlüpfen. Von hier fort kam auch nicht jeder. Ihn jedenfalls ließen sie nicht hinaus. Sie waren aufmerksam. Unbarmherzig waren sie.

Anfangs hatte Yamamoto ihnen heißen süßen Tee nach draußen gebracht. Und gebuttertes Brot. Er wusste, dass sie froren in ihren Stiefeln, die sie von Stalingrad bis hierher durchgelaufen hatten. Er fühlte förmlich, wie ihre fadenscheinigen Uniformen jeden Wind bis auf die nackte Haut hindurch ließen. Gerade wenn es kalt wurde in der Nacht. Und klamme Müdigkeit sie umschlich.

Doch sie nahmen nichts und sahen durch ihn hindurch zu den feindlichen Schatten. Die sie beschützten, wärmten sich an glühenden Öfen und rauchten derweil.

Irgendwann, nach Tagen, hatte er es aufgegeben.

Jetzt sah er ihnen aus seiner Küche heraus nur noch zu bei ihrem Frieren in der Nacht. Und freute sich, wenn er den alten schwarzen Kater inmitten von allem entdeckte.

Das Tier strich häufig durch den Park. Sein struppiges schwarzes Fell und das Hinken spiegelten zwar all die Entbehrungen und Kämpfe seines Lebens. Doch es verschmolz immer noch geschickt mit den Schatten im Park. Die Wachen bemerkten nicht einmal, wenn es lautlos an ihnen vorüber schlich.

Yamamoto bewunderte das Gespür des Katers. Sicher war er hungrig wie die Menschen dort draußen.

Doch er vergaß nie seine Vorsicht. Wie Yamamoto selbst hatte er den Krieg überlebt.

Gerade schlüpfte der Kater wieder unter dem großen Busch hervor, ohne dass sich dessen Zweige bewegten. Dicht und voller Stacheln reichten sie bis zum Boden hinab vor dieser alten rostigen Tür und den halb verfallenen Mauern im Park. Er musste dort einen Unterschlupf haben. Aufmerksam sah das Tier zum Schloss herüber. Als erwarte es ein Zeichen.

Während Yamamoto mit der Linken den Wasserhahn schloss, öffnete er mit der anderen Hand das Fenster einen Spalt breit. Schnell trocknete er einen Teller danach und griff sich eine Konservendose aus dem Regal.

Als er sie eben öffnete, strich der Kater schon schnurrend um seine Beine.

Die Wärme aus dem Trog dampfte hinaus in die kalte Dunkelheit, während Yamamoto dem Tier den Teller mit Fleischbrocken füllte.

Cecilienhof. Bis hierher nach Potsdam hatte dieser unselige Krieg ihn gespült. Von Deutschland aus hatte der die ganze Welt verheert. Zum zweiten Mal schon. An gleicher Stelle ging er nun zu Ende, war ausgeblutet wie die, die er vorher verschlungen hatte.

Jetzt balgten die Sieger erbittert um die Reste des Dritten Reichs. Wölfe in Maßanzügen schmiedeten Intrigen. Am Schreibtisch legten sie fest, wie diejenigen morgen leben durften, die einzig ihr nacktes Selbst aus den Trümmern gerettet hatten. Die Schurken waren längst in Sicherheit.

Yamamoto seufzte leise. Er selbst hatte den Krieg überlebt bis hierher. Doch er fand, es war nicht das Schicksal, das ihn bisher durch sein Leben geführt hatte. Eher die Angst und seine Feigheit. Sie zwangen ihn oft Wege entlang, die er lieber nicht gegangen wäre. Ob er wohl einmal das Leben führen würde, das er sich insgeheim erträumte?

Als junger Mann hatte er sich zur Armee gemeldet. Freiwillig hatten sie es genannt. Yamamoto runzelte die Stirn und presste die Luft zwischen den schmalen Lippen hervor. „Freiwillig!" Es geziemte sich, damit die Eltern ihre Ehre behielten!

Zwar hatte auch er sich an Bord der stolzen Schiffe des Kaisers geträumt. Mit ihrem scharfen stählernen Bug teilten sie die Wellen wie Samuraischwerter und trugen den Donnerschlag ihrer Kanonen siegreich an fremde Ufer. Welcher Junge träumte das nicht?!

Auch er hatte sich in die Pilotenkanzel eines der Flugzeuge im Himmel gewünscht. Wie der Falke warfen sie sich von hoch oben auf den verängstigten Feind! Bei ihrem Sturz hinab glänzte die blutrote Sonne gut sichtbar an den Tragflächen. Göttlicher Wind - Kamikaze.

Doch im Leben hatte er nichts von all dem gesehen. Stattdessen war er mitten hineingeraten in einen rasenden Tod. War der erst vorüber an einer Stelle, hatte die Verwüstung dahinter alle Gedanken in seinem Kopf in Entsetzen verwandelt. Gegen seinen Willen war er als Küchengehilfe der Armee hinterhergerannt. Den Überlebenden hatte er nach der Schlacht Suppe ausgegeben und eine Schüssel Reis. Wie all die anderen ringsum hatte er einfach etwas getan.

Gerade in dieser Zeit jedoch hatte er von dem alten Koch gelernt, was ihn bis hierher überleben ließ.

Ohne Angst hatte der Alte Gemüse geputzt und Feuer entfacht. Selbst dann, wenn rings die Hölle des Kampfes tobte. Versunken in seine Arbeit schien er den Tod in dieser Welt zu übersehen.

War der Kampf vorüber für diesen Tag, hatten die Überlebenden sich wie selbstverständlich um ihn gesammelt. Stets hatte er dampfende Brühe für sie über dem Feuer und duftenden Reis in den Töpfen. Alles war bereit, um den schwarzen Schmerz in ihren Bäuchen zu lindern.

„Bereite mit Liebe zu, was du an Nahrung hast. Du wirst immer satt werden!", hatte er zu Yamamoto gesagt, als er dessen stumme Frage verstand. „Gib anderen ab davon, wenn du es vermagst. Auch sie werden dann gesättigt und zufriedener sein."

Yamamoto war seinem Rat gefolgt. Und wusste bald aus wenigen Zutaten ein Mahl zu bereiten. Eines, das die Erschöpften für einen Augenblick lang allen Schrecken ringsum vergessen ließ.

Noch etwas hatte der alte Mann ihm geraten, am Morgen nach einer schrecklichen Nacht. Der Feind hatte das Lager zerfetzt mit seinen Kanonen. Sie vertrieben bis ins Dickicht hinein, wo es nichts mehr zu kochen gab.

Der alte Mann war plötzlich gestürzt, und Yamamoto dachte, er wäre gestolpert. Doch als er ihm aufhelfen wollte, hatte er gesehen, wie das Blut das rote Leben aus dem Gefährten spülte. Er konnte nichts tun!

„Meine Reise ist hier zu Ende!", hatte der Alte geflüstert. „Sende du die richtigen Zeichen. Du kannst noch viele retten!!"

Geheimnisvoll gelächelt hatte er dabei.

Yamamoto hatte den Sinn dieser Worte nicht verstanden. Er begriff ihn bis heute nicht. Schließlich war er kein Held. Er war ein Koch.

Auf einer kleinen Insel saßen sie dann tagelang fest, er und die zwei Dutzend Männer mit Gewehren. Aus Langeweile lernte er die Morsezeichen auswendig. Ihnen allen dort schien, man hätte sie vergessen auf diesem Eiland. Vielleicht wäre es besser so gewesen.

Nach einer Woche sichteten sie Schiffe. Eigentlich erwarteten sie die Amerikaner. Doch die Russen waren eher da. Es war kein Kampf.

Danach fragten sie jeden seiner Kameraden, was der getan habe in der Armee. Er, Yamamoto, hatte gekocht - und überlebte als Einziger.

Die Russen schleppten ihn mit sich. Denn ihr Koch war tot. Es schmeckte ihnen, was Yamamoto ihnen bereitete. Es mundete ihnen so sehr, dass sie ihn vorführten mit seinem Können, als Stalin einmal die Armee besuchte.

Von da an durfte er, Yamamoto, der gefangene japanische Koch, nur noch für diesen einen Mann kochen: Für Stalin.

Das weite Russland hatte er gesehen seitdem. Vom Panzerzug aus mit den stets sauberen Fenstern, in dem Stalin gern fuhr. Aus dem Waggon heraus hatte er die Schatten eines Lebens geahnt, das der Krieg und die Gräuel davor übrig gelassen hatten. Yamamoto wischte sich über das Gesicht und ballte die Faust.

Wenn es Nacht wurde und er die Augen schloss, sah er noch immer den flehenden Blick der jungen Bäuerin auf sich gerichtet. Sie hatte neben dem haltenden Zug gekauert, mit einem mageren Kind auf dem Arm. Irgendwo in Russlands Steppe. Ihre ausgestreckte Hand hatte ihn stumm um Hilfe gebeten. Doch er hatte getan, als sehe er sie nicht!

Die Schüsse, die plötzlich gefallen waren vor dem Stall, und ihr Schrei neben ihm, ließen ihn zusammen zucken. Starr vor Schreck hatte er mit angesehen, wie die Soldaten ihren Mann niederschossen und das letzte Vieh über den Sterbenden hinweg zum Zug trieben.

Yamamoto tat einen tiefen Atemzug, obwohl seine Lungen schmerzten vor Scham.

Er selbst war an der Bäuerin vorbei gegangen damals, als sei nichts geschehen. Sein Magen hatte sich verkrampft. Und er hatte mit den Tränen gerungen. Doch er hatte nichts getan! Er war einfach weiter gegangen, dieses plötzlich grotesk wirkende Tablett in seinen Händen, voll mit duftender Suppe und knusprigem Braten für Stalin.

Nie wieder war er seitdem ausgestiegen, wenn der Zug hielt, nur um leichter in den vorderen Teil zu gelangen.

„He, Koch, mitkommen!", Yamamoto fuhr aus seinen Gedanken auf und drehte sich erschrocken zu der Stimme um.

„Beeilung!", ein Leutnant mit einer furchterregenden Narbe auf der Wange stand in der Tür und winkte ihm hektisch. „Tablett mitnehmen! Und keine Dummheiten!"

Ungeduldig stieß er Yamamoto danach mit Stiefeltritten vor sich her bis zu der dunkelbraunen Tür am Ende des Flurs.

„Erschießen sollte man besser alle von euch!", zischte er, ehe er den Koch durch die geöffnete Tür schob.

Erschrocken drehte Yamamoto sich zu dem Leutnant um.

Gerade noch sah er dessen Hand über die schreckliche Narbe streichen. Lauernd sahen ihn die eisgrauen Augen des Russen an dabei.

Ehe Yamamoto sich wieder besinnen konnte, stieß das Narbengesicht ihn vor sich in den abgedunkelten Raum hinein und schloss die Tür.

Dicke Schwaden aus Tabakrauch durchdrangen das Zimmer. Scharf und gerade teilten sie es auf. In Dunkel und in Hell. Unwillkürlich fiel Yamamotos Blick auf die ausgebreiteten Papiere auf dem großen Tisch. So abrupt war der Wechsel zwischen dem grellen Kegel aus Licht, der sich aus der bronzenen Leuchte über den Tisch ergoss, und dem abgeschirmten Dunkel ringsum.

Der Rauch verbarg die Minen der Männer. Selbst dann, wenn sie für kurze Zeit in das Licht eintauchten. Ihre Worte kamen ihnen so leise von den Lippen, dass Yamamoto nicht verstehen konnte, was sie besprachen. Die Männer rutschten aufgeregt auf harten Stühlen vor und zurück und zupften nervös an ihren Uniformen. Sie nahmen Blätter vom Tisch auf, überflogen sie und reichten sie fahrig weiter. Einmal notierte einer etwas eilig auf einem. An anderer Stelle strich er dafür mit dem Bleistift etwas aus. Yamamoto spürte die Bewegungen der Hand mehr, als er sie sah.

„Abräumen!", bellend drang Stalins Stimme aus dem Dunkel herüber.

Aus der finstersten Ecke des Raumes kam sie. Nur Stalin hatte sich in einem Sessel bequemer eingerichtet als die übrigen.

Abräumen. Die Männer auf den Stühlen erstarrten stumm bei diesem einen Wort. Während sie reglos warteten, sahen sich ihre Augen an. Was mussten sie für eine Angst vor Stalin haben! Selbst ihre Finger umkrampften starr das Papier, das sie gerade hielten.

Jetzt erst nahm Yamamoto die gebrauchten Teller wahr. Und das auf sie gehäufte Besteck. Zwischen den

Papieren standen Gläser mit den kalten dunklen Resten gestorbenen Tees.

„Mach schon!", zischte der Leutnant mit dem entstellten Gesicht hinter ihm in diesem Moment.

Grob stieß er ihn vorwärts dabei.

Yamamoto begann hastig, das Geschirr auf das Tablett zu stapeln. Es war so still im Raum, jedes Geräusch so deutlich zu hören. Er getraute sich kaum, zu atmen. Ja, auch er hatte Angst!

Endlich hatte er alles zusammen getragen. Alles bis auf ein letztes Glas. Zu weit entfernt stand es in dem grellen Kegel aus Licht. Auf der abgewandten Seite des Tisches. So, dass sein Arm von hier nicht bis dorthin langte. Yamamoto schluckte, als er es ein zweites Mal versuchte. Ob er wollte oder nicht: Er musste sich um den Tisch herum wagen. Nahe an Stalin vorbei. Und ihm den Rücken zugewandt dabei. Nur, um an dieses eine letzte Glas zu gelangen!

Er wusste, dass auf der anderen Seite, im Dunkel hinter dem hellen Lichtkegel, der stechende Blick Stalins auf ihn lauerte.

Alles in Yamamotos Körper riet ihm, sich umzudrehen und einfach fortzulaufen. Doch er tat es nicht. Sie würden ihn fangen. Schlagen würden sie ihn.

Fahrig registrierte Yamamoto auf seinem Weg, dass Stalin genüsslich an seiner Pfeife sog. Für den eben gebellten Befehl an ihn hatte er sie bestimmt nicht einmal aus dem Mundwinkel genommen. Und sein Blick verfolgte ihn lauernd bei jedem Schritt! Die dunklen Augen loderten gefährlich auf und sahen ihn zwischen den buschigen Brauen hindurch durchdringend an. Während der Mund unter ihnen den Tabak hell sog.

Da roch Yamamoto ihn. Den verräterischen Duft der Schuld.

Zuerst war er kaum wahrnehmbar und zart. Durch den Atem Stalins belebt und in das Hell über den Tisch geworfen, überlagerte dieser Tabak mit seinem Duft jedoch ungestüm den Geruch all der billigen Zigaretten im Raum. Und füllte ihn ganz mit sich aus. Es war der würzige Geruch des sibirischen Krautes, den Yamamoto zu jeder Zeit erkennen würde!

Vom Zugfenster aus hatte er das Dorf gesehen, um das herum allein das Kraut gedieh. Er hatte die Menschen schreien hören, als sie im Hagel der Kugeln starben deswegen. Hätten sie es doch einfach hergegeben!

Yamamoto fühlte plötzlich seinen trockenen Gaumen und schluckte hart. Er ängstigte sich vor der grausamen Macht dieses einen Mannes.

In seiner Vorstellung sah er die Soldaten noch einmal durch die schwelenden Gassen des Dorfes gehen, ihre Gewehre im Anschlag. Wieder hörte er das trockene Knallen der Schüsse, wenn sie mit Kugeln das Leben aus wehrlosen Leibern trieben. Die gleichen Soldaten verluden später die Kisten mit dem sibirischen Kraut. Und lachten dabei. Blutgetränkte Schuld.

Yamamoto schämte sich für das, was er sich nicht getraut hatte zu tun. Dieser Geruch von Feigheit würde ihm wohl bis an sein Ende anhaften. Das war seine Schuld! Jeder trug wohl eine.

Endlich hatte er auch das letzte Glas auf das Tablett gestellt. Kein Geschirr störte jetzt mehr den grellen Lichtkegel auf dem Tisch. Als hätte niemals etwas so köstlich Duftendes wie frisch gebrühter russischer Tee dazwischen gestanden und gedampft. Einzig totes Papier lag dort herum. Mit all den erstarrten Zeichen darauf. Yamamoto hatte sich nicht einmal getraut, sie anzusehen. Schnell bugsierte er das Tablett von dem Hell fort in das Dunkel hinein, und verließ den Raum.

Als die schwere Tür endlich geschlossen war, und er allein auf dem Flur stand, atmete Yamamoto tief durch. Er war dankbar dafür, dass sie ihr Blatt schützend zwischen ihn und diesen Mann hielt.

Stalin war ihm unheimlich. Gerade, wenn er diesen drohenden Blick hatte wie eben. Wie er von seiner Pfeife aufgesehen hatte! Das Dunkel, das tief aus dem Innern kam und sich in seinen Augen fing, bedeutete Unheil für andere.

Genau diesen Blick hatte Stalin ihm zugeworfen. Schwärzer noch als das Dunkel in dem Raum! Hier auf dem Flur atmete es sich leichter.

Yamamoto ging schneller durch den kahlen Gang. Denn das Tablett in seinen Händen wog mit einem Mal schwer. Flüchtig warf er einen Blick über die Teller und Gläser. Wie ungeschickt er sie gestapelt hatte!

Vorsichtiger als bisher bugsierte er sie nun durch den Flur. Langsamer. Und den Blick immer wieder wechselnd zwischen dem Stapel aus Geschirr und dem Gang zu seinen Füßen. Schließlich durfte nichts herabfallen!

Mit einem Ruck blieb Yamamoto dennoch stehen. Dass ein Glas dabei polternd auf den Boden fiel und zerbrach, bemerkte er kaum. So sehr erschrak er über das, was er sah.

Mit weit aufgerissenen Augen starrte er auf ein Blatt Papier. Unter einem Teller lugte es hervor. Und gerade jetzt hörte er Stiefelschritte hinter sich im Gang! Yamamoto drehte ängstlich den Kopf herum und drückte das Tablett mit zitternden Armen an den Bauch. Sonst wäre es herunter gefallen.

Ein Soldat blieb am Ende des Flurs stehen. Er sah zu ihm herüber und schüttelte vorwurfsvoll den Kopf. Und sah auf die Splitter hinab. Was, wenn er jetzt näher käme?

Schnell hob Yamamoto deshalb entschuldigend die Schultern und lächelte verkrampft. Er spürte, wie ihm die Beine versagen wollten.

„Jetzt nur nicht auffallen!", presste er fast lautlos zwischen seinen Lippen hervor und ging zügig weiter.

Dicke kalte Schweißtropfen liefen ihm bereits den Rücken hinab, als er mit Mühe die Küche erreichte. Hier war er allein und konnte überlegen, was zu tun war.

Zitternd stellte Yamamoto das schwere Tablett auf den Tisch. Wie kraftlos seine Hände plötzlich waren! Ungläubig starrte er wieder auf das Papier.

„Lass es eine Täuschung sein, bitte!", flehte er leise und schloss die Augen, als er das Gesicht zur Decke erhob.

Das Papier machte ihm Angst. Selbst jetzt, mit geschlossenen Augen, sah er es vor sich. Als wäre es eingebrannt in ihn wie ein tanzender Schatten mit hell-lodernden Rändern. Hoffentlich war es verschwunden, wenn er seine Augen wieder öffnete!

Yamamoto sog die Luft ein. Er spürte, wie sein Atem furchtsam dabei flackerte. Dann hob er seine Lider wieder.

Das Papier war geblieben. Wie seine Furcht.

„Es ist haften geblieben. Am Tellerboden!", rechtfertigte er sich nach einer Weile vor sich selbst. „Irgendjemand hat seinen verschmutzten Teller darauf gestellt."

Deutlich war der fettige Abdruck auf dem Blatt zu sehen. Er wirkte wie ein Geschwür, das langsam wuchs.

Vorsichtig zog Yamamoto das fleckige Papier ganz zwischen den Tellern hervor. Die Schatten rings an den Wänden schienen ihm plötzlich kalt und tot, als er das gewellte Blatt gegen das fahle Licht der nackten Glühlampe hielt. Das Herz stockte ihm, und er vergaß beinahe, zu atmen, als er begriff, was er da in seinen Händen hielt.

Es war ein Plan!

Köln, Brüssel und Paris erkannte er darauf. Rote Pfeile, mit Zahlenkolonnen beschriftet, liefen auf die Städte zu. Die Nummern, die Yamamoto las, wusste er auswendig. Sooft hatte er sie gehört in diesem unsäglichen Krieg! Es waren Divisionen. Soldaten, Panzer und Kanonen. Ganze Armeen! Selbst den Zeitpunkt, wann die Panzer rollen und die Soldaten sterben sollten, verrieten ihm die Zahlen. Stalin plante einen Angriff auf die Alliierten!

Yamamoto überlegte. Er musste den Zettel sofort aushändigen.

„Wenn sie erst danach suchen, bin ich tot!", stürzte er schon panisch zur Tür.

Doch die Klinke in der Hand, hielt er plötzlich inne.

„Womöglich töten sie mich auch, wenn ich das Blatt zurückgebe!", Yamamoto rieb sich das Kinn.

Schließlich war er ein Gefangener, kaum etwas wert in ihren Augen. Ein Koch, der zufällig den Geschmack Stalins getroffen hatte. Niemand würde sich für ihn einsetzen. Yamamoto fuhr sich über die Stirn und ging zurück zum Tisch. Ein Schweißtropfen lief seine Wange hinab wie eine Träne.

„Was hast du da?", ein Rotarmist stand plötzlich neben ihm. Mit gerunzelter Stirn starrte er auf das Papier.

Yamamoto erschrak und wurde blass. Wie war der Soldat unbemerkt in die Küche gekommen?

„Ach, nichts", wiegelte er ab und fuhr mit der Hand durch die Luft.

Seine Stimme zitterte vor Angst und Hoffnung dabei. Vielleicht zog der Russe ja wieder ab.

„Gib her!", gereizt stierte der Soldat stattdessen auf das Blatt in Yamamotos Hand, griff schon danach.

Yamamoto schluckte. In seinem Magen wuchs ein riesiger Knoten. Es gab kein Zurück mehr. Wollte er nicht gleich sterben, musste er den Zettel sofort wieder zurückbringen!

Hektisch schlug er mit dem Handrücken gegen das Blatt Papier, dass es klatschte.

„Einer hat den Zettel hier in seinen Teller gelegt. Habe ihn gerade gefunden!", er deutete auf die fettigen Stellen, als ob sie ein Beweis wären.

Der Soldat starrte noch immer auf das Papier.

Plötzlich griff er hart nach Yamamotos Arm und zog ihn aus der Küche hinaus. Dann stieß er ihn vor sich her auf die Tür zu, hinter der die Besprechung andauerte.

„Der Zettel wird schon nicht so wichtig sein!", versuchte Yamamoto, seine Furcht zu überspielen. „Wenn er es wäre, hätten sie danach gesucht, oder?"

Die Mine des Russen blieb versteinert, sein Griff am Arm schmerzhaft.

„Sicher vermissen sie ihn schon!", fauchte er.

Yamamoto vergaß fast, einen Fuß vor den anderen zu setzen, und stolperte mehrmals deshalb. So sehr rasten ihm wirre Gedanken durch den Kopf. Zu wenige Schritte vor dem Ziel fiel Yamamoto endlich ein, dass er den Zettel sofort hätte verbrennen sollen, als er in der Küche angekommen war. Warum war er nicht früher darauf gekommen?! Jetzt war es dafür zu spät! Sie hatten die dunkelbraune Holztür erreicht.

Der Soldat hob bereits die Hand, um zu klopfen. Doch bevor seine Knöchel das Holz berührten, öffnete sich die Tür, als weiche sie vor ihnen zurück.

„Was ist?", der Leutnant mit der frischen Narbe wollte eben den Raum verlassen. Verdutzt sah er sie beide an.

Yamamoto hielt ihm den Zettel entgegen. Nun wussten sie, dass er es wusste! Jetzt, in diesem Augenblick, entschied sich sein Schicksal. Gierig sog er die Luft ein, als wäre es ein letztes Mal. Vor Angst schloss er die Augen dabei. Ihm schien, dass es um ihn herum immer dunkler und kälter wurde im Raum. Bis die Zeit stehen blieb.

Da nahm ihm jemand den Zettel aus der Hand. Niemand sagte etwas. Genau so drohend still war es wie vorhin, als er in dem Raum aus Hell und Schatten das Geschirr zusammen getragen hatte. Vorhin, als alle reglos gewartet hatten im Dunkel, bis er endlich fertig war damit. Jetzt war er derjenige, der im Schatten stand. Und er wartete!

Yamamoto getraute sich nicht, die Augen zu öffnen. Das Pochen in seinem Hals übertönte selbst das Schlagen seines verängstigten Herzens. Es war so still. Alle mussten es hören!

Da roch er ihn wieder. Den verräterischen Duft des sibirischen Tabaks. Stalin! Langsam öffnete Yamamoto die Augen.

„Du weißt, was hier steht?", Stalin hielt ihm den Zettel hin und sah ihn an.

Yamamoto nickte. Warum konnte er nicht lügen?

„Dann weißt du zu viel", Stalin zuckte fast entschuldigend mit den Schultern.

Eiskalt lief es Yamamoto bei diesen Worten den Rücken hinab.

Schon zog der Leutnant grinsend seine Pistole aus dem Halfter. Selbstvergessen strich er sich über die frische Narbe mit der freien Hand. Befriedigt sah er auf Yamamoto herab mit seinen eisgrauen Augen. Als freue ihn dieses Ende.

„Nicht jetzt!", Stalin zeigte ungeduldig auf die geöffnete Tür zum Park hin.

Yamamoto sah plötzlich die beiden britischen Militärpolizisten da draußen. Sie rauchten und hatten gerade jetzt herübergesehen. Als sie die gezogene Pistole in der Hand des Leutnants sahen, spannten ihre Körper sich.

„Wir nehmen ihn mit in den Bunker!", Stalin steckte den schmutzigen Zettel in seine Jackentasche.

Yamamoto sah ihm zu dabei und musste schlucken. Da war sie wieder, diese tödliche Dunkelheit in Stalins Augen! Diesmal war es sein eigenes Ende, das er darin sah. Da war Yamamoto sich sicher. Gerade jetzt, wo sie ihn vorwärts stießen.

Draußen war es kalte feuchte Nacht. Alles rings roch nach Tod und Moder. Yamamoto hatte Angst und fror plötzlich erbärmlich. Wollten sie ihn in einer dunklen Ecke gleich hier im Park erschießen? Womöglich warteten sie ja nur, bis die beiden Militärpolizisten weit genug fort waren! Noch waren die in der Nähe. Doch wie lange noch?

Oder ließen sie ihn einfach in einem geheimen Verschlag verhungern? Yamamoto schluckte erneut. Stalin hatte etwas von einem Bunker gesagt.

Unvermittelt hielten sie vor der rostigen Stahltür. Halb versteckt hinter dem dichten Busch mit seinen Stacheln, den Yamamoto von seinem Küchenfenster her kannte, sah sie auch von Nahem einfach nur verrottet aus.

Doch als die Tür geöffnet wurde, glitt sie geräuschlos in ihren Scharnieren, sah Yamamoto den glänzenden Stahl ihrer Innenseite und die dicken Riegel, die sie sicherten. Eine frisch lackierte Treppe führte hinab ins Dunkel.

Die rostige Außenhaut war Tarnung! Nie wäre Yamamoto auf die Idee gekommen, dass sich hier ein intaktes unterirdisches Gewölbe verbarg.

Erleichtert atmete er auf.

Die Russen hatten ihn also nicht mitten in der Nacht durch den Park getrieben, um ihn zu töten. Was aber wollten sie hier? Erst jetzt sah Yamamoto sich um.

Versteckt unter den nahen Bäumen standen zahlreiche Fahrzeuge. Überall liefen Soldaten umher in russischen Uniformen. Yamamoto erkannte aber auch

Amerikaner, Briten und Franzosen. Ein geheimes Treffen! Doch die Männer warfen sich argwöhnische Blicke zu.

Yamamoto wusste um die erbitterten Verhandlungen der vergangenen Tage. Die Offiziere um Stalin waren oft so aufgebracht danach bei ihren Lagebesprechungen, dass sie den Koch gar nicht bemerkten, der ihnen frischen Tee brachte. Aus den Wortfetzen, die Yamamoto dabei mithörte, zog er seine ganz eigenen Schlüsse.

Jede Seite brauchte endlich vorzeigbare Ergebnisse. Deshalb schmiedeten sie Ränke gegeneinander. Selbst vor Mord schreckten sie nicht zurück, wenn es ihnen half.

Denn immer noch attackierten deutsche Soldaten die Sieger. Verbreiteten nächtliche Angst und versprengten Schrecken. Werwölfe nannten sie sich. Yamamoto schüttelte sich.

Er stellte sich die Deutschen vor, wie sie nachts mit ihren Messern in den bleichen Fäusten und hohlen Augen unter den Stahlhelmen aus den Wäldern schlichen zu diesem alten Schloss, um ihm die Kehle durchzuschneiden.

Plötzlich war er den Rotarmisten im Park dankbar. In ihren dünnen Uniformen hielten sie Tag und Nacht Wache hier draußen, damit er und all die anderen im Schloss am Leben blieben.

Ein beleibter Herr unterbrach solche Gedanken, als er mit Hut und teurer Zigarre vor ihn trat. Yamamoto sah das unterdrückte Erstaunen in den verquollenen Augen, als sein Blick auf einen Japaner fiel. Der Mann lupfte den Hut und deutete ein Nicken an. Dann fuhr sein Blick weiter und er reichte Stalin die Hand.

„Churchill", die beiden Männer sahen sich an.

Yamamoto staunte. Das war also der Mann, der das britische Empire gegen Hitler gehalten hatte!

„Wollen wir?", Churchill entzog dem Russen rasch seine Hand und wies auf die Stahltür. „Die anderen sind schon unten. Im Bunker sind wir wohl sicher vor den deutschen Wölfen. Telefon und Morsecodes. Kein Anschlag, kein Mord."

Stalin nickte kaum wahrnehmbar. Teuflisch lächelnd wandte er sich dann dem Eingang zu.

Yamamoto schien, es sei wärmer geworden, seit Stalin sich die wenigen Schritte von ihm entfernt hatte. Aufatmend sah er sich um.

Soldaten waren aufmarschiert vor dem Bunker. Sie alle würden den Eingang mit ihrem Leben beschützen. Schulter an Schulter standen diese Männer, würden niemandem weichen!

Yamamoto war sich sicher, dass die Russen für das Wohl Stalins ihr Leben geben würden. Genauso wie die Soldaten aus Amerika das ihre für den Präsidenten. Stolz entrollte sich die französische Trikolore im aufkommenden Wind, direkt neben dem Union Jack der Briten.

Yamamoto genoss die kalte Luft. Die dort standen in der beginnenden Nacht, waren Männer mit Ehre im Leib. Er fühlte sich ihnen allen verbunden. Warum nahmen die Mächtigen in der Welt sich nie ein Beispiel an den einfachen Männern?

Ein schmerzhafter Stoß in den Rücken holte ihn aus seinen Gedanken und stieß ihn vorwärts. Yamamoto stolperte auf den Eingang zu. Nur eine Handvoll Männer durfte mit in den Bunker. Warum sollte er dazu gehören?

Kurz drehte er sich um zu dem, der ihn gestoßen hatte. Es war der Leutnant mit der Narbe im Gesicht. Unsicherheit darüber, was nun zu tun sei, las Yamamoto in dessen eisgrauem Blick. Und Hass. Sein Bewacher hatte ihn bis nach vorn geschoben. Direkt neben Churchill. Jetzt wagte er es nicht mehr, ihn von hier wieder wegzuholen!

Yamamoto lächelte unvermittelt. Entschlossen drehte er sich wieder um und schlüpfte mit in den Bunker.

Er kam sich vor wie der alte Kater. Zwar konnte er ihn nicht entdecken in all dem Trubel. Doch Yamamoto war sich sicher, dass das Tier in der Nähe versteckt kauerte und alles aufmerksam beobachtete. Auch diesem Tier fühlte er sich verbunden.

Schmatzend schloss sich hinter ihm die wuchtige Stahltür des Bunkers, schwer fuhren die Riegel in ihre Halterungen. Kein Geräusch drang mehr von außen hindurch. Die Stufen hinab schienen im trüben Lampenlicht kein Ende zu nehmen. Und alles hier klang auf einmal merkwürdig dumpf.

Immer weiter blieb Yamamoto zurück. Schließlich ging er als Letzter.

Hier unten, von wo er nicht mehr entrinnen konnte, bewachte ihn plötzlich keiner mehr. Der Leutnant mit seiner Narbe hatte es nicht bis hierher geschafft! Yamamoto musste erneut lächeln.

Er blieb einfach stehen, als der Weg sich gabelte. Niemand stieß ihn mehr vorwärts, keiner achtete auf ihn. Er war gefangen und doch frei.

Erst nach einer Weile ging Yamamoto weiter. Wie groß der Bunker war! Ihm war, als liefe er in einem Labyrinth aus dämmrigen Gängen umher. Würde er ihm entrinnen?

All die schrecklichen Momente, die seinen Weg von zu Hause bis hierher gezeichnet hatten, tauchten plötzlich noch einmal in grausam dichten Bildern empor. Seine ermordeten Kameraden auf dem Eiland. Das ausgelöschte sibirische Dorf. Das Elend der Bauern in der russischen Weite und die Lebenstrümmer bis hier nach Deutschland.

Dieser unglückselige Krieg! Er hatte Hass in die Menschen gepflanzt. Würde ihr Rachedurst die Übriggebliebenen eines Tages verheeren? Oder durfte es wieder eine Zeit geben, in der die Menschen lachten und tanzten?

Yamamoto seufzte, als er an seine Eltern dachte. Ob sie noch lebten? Was würden sie ihm jetzt wohl raten? Was konnte er schon tun!

Plötzlich fiel ihm auf, dass es ganz still war ringsum. Er blieb stehen.

„Verdammt!", fluchte er leise.

Er hatte so sehr seinen Gedanken nachgehangen, dass er sich tatsächlich verirrt hatte!

Trübe flackerte eine Glühlampe über ihm. Diese Gänge sahen überall gleich aus! In regelmäßigen Abständen hingen die Glühlampen von der Decke herab und malten ihre Schatten dunkel an die Wände und ein bisschen Gelbweiß. Es waren überall die gleichen Schatten. Wohin sollte er gehen? Ratlos sah Yamamoto sich um.

Neben sich an der Wand entdeckte er dabei einen Kasten. Neugierig öffnete Yamamoto ihn. Eine Atemmaske und eine Notlampe mit Batterie lagen darin. Vorsichtig schloss Yamamoto den kleinen Deckel wieder. Wo waren die anderen geblieben?

Fauchend fegte plötzlich eine mächtige Druckwelle durch den Gang. Sie trieb Yamamoto die Luft aus der Lunge. Er wurde gegen die Wand geschleudert und spürte das Zittern darin kurz vor dem ohrenbetäubend lauten Knall einer Explosion. Das zerplatzende heiße Glas der Glühlampe über ihm versengte ihm das Haar. Dann zog beißender Rauch durch den Gang, der ihm kratzend den Atem nahm. Es wurde schwarz um ihn.

Yamamoto hustete, als er wieder zu sich kam. Wie lange er so am Boden gelegen hatte, wusste er nicht. Immer noch war es dunkel im Gang. Die Glühlampen mussten alle zerplatzt sein. Nicht eine Einzige leuchtete mehr.

Er musste sich erinnern, aus welcher Richtung er gekommen war! Wenn er bis zu dem kleinen Kasten an der Wand zurückfand, konnte er die Atemmaske aufsetzen. Vielleicht schaffte er es mit der Notlampe bis zum Ausgang zurück! Er versuchte, sich zu erheben. Doch sofort schwindelte ihm. Also blieb er unten.

Auf allen vieren krabbelte er blind durch die Scherben, die den Boden bedeckten. Bald waren seine Hände und Knie blutig geschnitten. Doch er achtete nicht darauf. Die Luft schmeckte staubig und schwer. Yamamoto hustete und würgte den Rauch wieder aus seiner Lunge hinaus, so gut es ging. Immer wieder tastete er an der Wand entlang. Er musste den kleinen Kasten wiederfinden!

Endlich fühlte er dessen kantige Umrisse. Erleichtert zog er sich daran hoch und setzte die Maske auf. Das Atmen fiel nicht leichter mit ihr. Doch die Luft schmeckte nicht mehr so trocken und rauchig. Der Hustenreiz verflog langsam. Bald würde auch der Schwindel vergehen.

Yamamoto schaltete die kleine Lampe ein. Er wollte sich beeilen. Die Energie der Batterie reichte bestimmt nur für eine kurze Zeit.

Als er an sich hinab leuchtete, sah er den hellen Schmutz, der wie eine Schicht aus grauem Mehl auf allem lag. Die Hose war an den Knien zerrissen und das Blut hatte den verschmutzten Stoff dort wieder dunkel gefärbt. Sein Schienbein schmerzte ihn und seine Hände waren wund. Doch er lebte!

Yamamoto richtete den Lichtkegel voraus. Der Gang sah gespenstisch aus im matten Licht der Lampe. Überall lagen Betonbrocken am Boden herum. Die Lampenfassungen hingen leer von der Decke herab.

Vorsichtig ging er weiter. Immer noch lag Rauch in der Luft. Doch er lichtete sich bereits und zog vor allem dicht über dem Boden umher. Yamamoto ging wie in Wolken. Es waren gefährliche Wolken. Immer wieder stolperte er.

Plötzlich stand er vor einer Tür. Starker Druck hatte die Türblätter nach außen gebogen. Doch die Scharniere hatten der Explosion im Innern standgehalten. Eine schreckliche Katastrophe musste hier geschehen sein! Yamamoto zerrte an dem Riegel der Tür, bis sie aufschwang.

In dem Raum dahinter lagerte der Rauch noch dicht und unbeweglich in der Luft. Erst jetzt, nachdem die Tür ganz geöffnet war, begann er, sich in lautlosen Wirbeln zu bewegen. Der Lichtstrahl der kleinen Notlampe half hier kaum.

Yamamoto stieß mit dem Fuß gegen etwas Weiches und stockte. Mit einem großen Schritt stieg er danach darüber hinweg, ohne hinunter zu sehen. Er wusste, was dort lag.

Eine Konsole mit Telefonen stand vor der Wand. Einen nach dem anderen hob er die Hörer ab und lauschte in die Muscheln. Nichts. Die Explosion musste die Leitungen zerrissen haben.

Wie von einer Riesenhand weggeworfen, lag neben der Konsole ein verbogener Stuhl. In der Nische dahinter stand ein niedriger Tisch mit einer kleinen hölzernen Kiste darauf. Ein großer Betonbrocken lag zuoberst. Er war von der Decke herabgefallen. Es war ein Wunder, dass der Tisch diese Last überhaupt trug. Yamamoto hievte den Brocken bei Seite und öffnete vorsichtig den Deckel der kleinen Kiste.

Ein Morseapparat.

Ganz in Gedanken fuhr Yamamoto mit den Fingern über den Geber. Matt glänzte das Metall der Kontakte. Geheimnisvoll. Auf den ersten Blick hatte der Apparat die Explosion unbeschadet überstanden.

Yamamoto sah sich weiter um. Jetzt, wo der Rauch sich ganz verflüchtigt hatte, sah er erst das ganze Ausmaß der Zerstörung.

Da stand er nun in einem zertrümmerten Bunker mitten in Deutschland und überall lagen Tote umher! Er war der einzige Überlebende. Yamamoto setzte die Maske ab und atmete behutsam durch.

Plötzlich spürte er unbändigen Durst. Doch er brauchte nicht lange zu suchen. Hinter einer schmalen Tür fand er reichlich Vorräte und Wasser. Die Mächtigen hatten sich gut versorgt! Gierig trank Yamamoto das klare Nass. Dann begann er seinen Weg zurück nach oben.

Als er im Gang einem Betonbrocken auswich, stützte er sich für einen Atemzug lang an die Wand. Er spürte, wie der Handschalter unter dem Druck seiner Finger nachgab. Und sofort grollte es leise und tief im Innern des Bunkers. Erschrocken verharrte Yamamoto dort, wo er gerade war und lauschte.

Doch das dumpfe Grollen blieb an seinem Platz im Innern der Tunnel. Schnell wurde es ein hohes Singen. Und der Gang erstrahlte in grünem Licht.

„Die Notbeleuchtung", Yamamoto schaltete erleichtert die matte Batterielampe aus.

Der Weg ans Tageslicht würde so einfacher zu finden sein.

Da erkannte er einen zweiten Raum. Hinter einer offen stehenden Tür standen Ruheliegen bereit. Frisch bezogen war die Wäsche auf allen. Und unbenutzt.

Oben der Ausgang blieb verschlossen, so sehr sich Yamamoto auch mühte. Er bekam die Riegel nicht bewegt. Seine Fäuste schmerzten bereits von den Schlägen gegen den unnachgiebigen Stahl, seine Worte wurden heiser vom Rufen und er fühlte sich mit einem Mal unendlich erschöpft. Doch sein Pochen und Flehen blieb wohl ungehört. Er war eingeschlossen!

„Was, wenn sie mich hier einfach verrotten lassen?", Yamamoto spürte, wie die Angst emporkroch in seinem Hals und zudrückte.

Doch er beruhigte sich schnell. Die Toten da unten waren Politiker von hohem Rang. Vom Lärm der Explosion aufgeschreckt, suchten sie draußen sicher fieberhaft nach einer Möglichkeit, zu ihnen durchzustoßen. Er brauchte bloß zu warten. Sie würden zu ihm kommen. Yamamoto stieg wieder hinab.

Wieder kam er zu dem Raum, in dem die Liegen standen. Er ging hinein und setzte sich auf eine davon.

'Einen Moment lang einfach Ausruhen', langsam fuhr er mit seinen Fingern über den gestärkten sauberen Stoff und atmete.

Bei jeder Berührung entströmte dem Leinen der Duft des frisch Gewaschenen, Reinen.

Yamamoto sah die schmutzigen Stellen, die seine Finger auf der sauberen Wäsche hinterließen. Er hielt in seiner Bewegung inne und starrte lange reglos auf seine Fingerspuren. Den Kopf hielt er leicht geneigt, als könne er so besser seinen Gedanken lauschen. Als er sich erhob, hatte er sich entschlossen.

Bis der Ausgang auch für sie wieder passierbar wäre, konnten die Toten auf den Liegen hier in Würde ruhen!

Einen nach dem anderen schleppte Yamamoto sie in diesen Raum und bettete sie auf die Liegen. Schließlich war er damit fertig.

Da lagen sie nun, die Mächtigen dieser Welt. Auch sie konnten nichts mitnehmen in die Nächste. Was sie getan hatten, hier, würde den Menschen in Erinnerung bleiben!

Yamamoto stellte sich die Soldaten dort oben vor, wie sie noch immer Schulter an Schulter standen. So waren sie stark. Hier unten lagen ihre Führer nun einträchtiger zusammen, als sie es im Leben je waren. Yamamoto wandte sich um.

Fast wäre er dabei auf Stalins Pfeife getreten. Als er dessen Körper auf das Bett gehievt hatte, war sie wohl aus der Jacke gefallen.

Jetzt hob er sie auf und drehte sie in seinen Fingern hin und her. Selbst erloschen roch sie noch nach diesem verräterischen Duft von Schuld, diesem sibirischen Kraut, für das ein ganzes Dorf gestorben war. Oder war es Stalin selbst, der nach Schuld roch? Yamamoto legte die Pfeife mit auf Stalins Bett und ertappte sich dabei, dass er die Luft um den Toten einsog.

'Schluss damit!', schalt er sich.

Er dachte an das Papier mit dem Angriffsplan darauf. Das hatte ihn schließlich hierher gebracht! Hastig durchwühlte er Stalins Jacke danach.

„Es muss hier sein!", flüsterte er, während er weiter darin suchte.

Endlich fühlte er das fettige Papier und zog es ans Licht. Yamamoto überlegte. Was konnte er tun, damit dieser Plan vergessen wurde?

Noch einen zweiten unbekannten Zettel hielt er empor, er sah es genau. Das fettige Geschwür des anderen begann erst, ihn zu verfärben.

„Vorhin war es nur einer", war sich Yamamoto sicher.

Noch mehr Pläne? Neugierig nahm er diese zweite Nachricht in beide Hände und begann aufgeregt, sie zu entziffern.

Englisch verstand er nicht besonders gut. Doch er begriff schnell, dass diese Zeilen von Präsident Truman direkt an Stalin gerichtet waren. Da dieser sie bei sich trug, hatten sie ihn offenbar erst im Bunker erreicht. Das war es aber nicht, was Yamamoto so erregte. Es war der Inhalt der Nachricht selbst.

Amerika hatte eine neue Art von Bombe gezündet. Der Krieg in Asien sollte endlich beendet werden.

„Eine einzige Bombe soll allen Kampf beenden?", Yamamoto stutzte.

Japanische Soldaten gaben nicht auf wegen eines einzigen Treffers! Ihr Stolz verbot es ihnen genau so wie die Ehre ihrer Vorfahren. Wenn diese neue Bombe sie zwingen konnte, ihre Waffen abzulegen, musste sie unvorstellbar grausam sein!

Hiroshima.

Der Name fiel in einem Satz. Yamamoto kannte die Hafenstadt. Gemeinsam mit Vater und Mutter hatte er sie einst besucht.

Es war ein herrlicher Sommer damals. Er, der Junge aus dem Hinterland, konnte sich nicht sattsehen an der ungestüm rollenden Meeresbrandung. Wie hoch die riesigen Schiffe waren, die solche Weite befuhren! So weit in den Himmel ragten ihre Masten hinauf. Liebend gern wäre er in die Takelage geklettert und hätte von dort oben die Welt besehen! Aber es gehörte sich nicht. Also blieb er mit den Füßen am Boden stehen.

Trotzdem. Dieser tiefe Eindruck von der herrlichen Erde, hatte er gespürt damals, war der erste alles erweckende Herzschlag für seine Seele. All das Staunen über das Unbekannte darin war auf ewig bewahrt. Es war sein Anfang! Es war der herrlichste Tag seines Lebens!

Yamamoto ließ den Zettel sinken.

Der Nachricht nach lebte diese schöne Stadt jetzt nur noch in seiner Erinnerung. Wurde sie deshalb zum Ziel dieser Bombe, weil sie Anfang war und Ende?

Yamamoto spürte erneut diesen Kloß im Hals, der ihn in diesem Krieg schon so häufig bedrängt hatte.

Die Städte, die er nach seiner Kindheit zu sehen bekam, waren nicht schön wie damals Hiroshima. Sie waren hässlich. Not und Elend wohnten in ihnen. Und gebaut waren sie mit Trauer und Tod.

Yamamoto wollte die Zahl der neunzigtausend Leben einfach nicht begreifen, die diese eine Bombe gefordert hatte. Alles an dieser Zahl stank nach Tod. Nichts Gutes war an ihr. Yamamoto weinte und schlug die Hände vor sein Gesicht. Dafür legte er nicht einmal den winzigen Zettel bei Seite. Was machte es schon, dass die Tinte Trumans abfärbte auf sein Gesicht? Er war allein. Ganz allein.

Plötzlich roch er wieder diesen Duft von Schuld. Er kam von Trumans Nachricht. Es gab dieses verräterische Kraut also nicht nur in Sibirien. Es wuchs auch in Amerika. Womöglich wucherte es überall.

Mutlos ließ Yamamoto seine Hände sinken. Lange starrte er in den Raum vor sich und stand reglos da, als habe er wie all die Toten um ihn aufgehört zu atmen.

Irgendwann aber hob er seine Schultern und seufzte dabei.

Eine brennende Kerze stellte er auf die kleine Bank zwischen den Betten. Die beiden Zettel hielt er in die Flamme und ließ sie auffressen, was den Tod bedeutete.

Als die zuckende Flamme sich wieder beruhigt hatte, blieb Yamamoto noch einen Moment lang still bei ihr stehen. Er schloss sogar die Augen dabei, als er sich von den Toten verabschiedete. So kannte er es. Dann ging er.

Mochten die Mächtigen Frieden finden und ihre Opfer. All ihre Macht und die Furcht waren nun aufgelöst. Stalin lag da, als ob er schliefe. Sein Angriff würde nicht stattfinden. Truman lag neben ihm.

Was konnte er, der kleine japanische Koch, schon tun, damit Hiroshimas Untergang das letzte Fest des Krieges war? Leise verließ Yamamoto den Raum mit den Toten und schloss die Tür hinter sich. Wieder seufzte er. Er wusste sich keinen Rat.

Plötzlich hörte er leises Schnurren im Flur. Mit klopfendem Herzen sah Yamamoto sich um.

Mitten im Gang saß der alte Kater und blinzelte zu ihm hinauf.

„Wenn du hier bist, gibt es auch einen Weg hinaus!", Yamamoto fiel auf die Knie und streichelte schluchzend das Tier.

Mit Freudentränen in den Augen genoss Yamamoto das warme Schnurren zwischen seinen Händen. Er spürte, wie die Anspannung von ihm wich.

Das Tier hatte ihn gefunden. Seine grünen Augen versprachen ihm die Freiheit.

„Doch vorher wollen wir uns gemeinsam stärken für den beschwerlichen Weg!"

Schnell erhob sich Yamamoto und winkte dem Tier. Er spürte sein eigenes Lächeln dabei. Es war ein herrliches Gefühl, wenn die Seele lachte!

Er rannte fast zum Vorratsraum. Hier gab es Dosen mit eingelegtem Fisch. Und wie er es schon so oft getan hatte in der Schlossküche, öffnete Yamamoto eine Konserve und tat alles auf einen Teller.

Und als wüsste er, welcher Schmaus auch hier auf ihn wartete, war der Kater ihm dichtauf gefolgt. Kaum stand der Teller auf dem Boden, stürzte das Tier sich hungrig darauf.

Yamamoto selbst gönnte sich auch einen Happen von dem Fisch währenddessen. Das Filet schmeckte köstlich. Immer wieder stopfte Yamamoto sich etwas davon in den Mund und kaute. Was für einen Appetit er auf einmal hatte. Wie herrlich alles mundete!

Der alte Mann kam ihm in den Sinn.

'Bereite alles mit Liebe zu, dann wirst du stets satt werden', hatte er damals gemeint.

Yamamoto sah auf den Kater hinab, der sich zu seinen Füßen wohlig das Fell leckte und ihn zwischendurch aufmerksam mit seinen grünen Augen ansah.

„Gib anderen ab, wenn du kannst!", flüsterte Yamamoto und musste schlucken. „Sie werden zufriedener sein."

Immer noch sah das Tier zu ihm hinauf.

Der Kater wusste einen Weg aus diesem Bunker. Er, Yamamoto, hatte das Tier mit Fisch versorgt. Sie beide hatten die Zeichen des Anderen erkannt. Sie würden sich gegenseitig retten.

'Sende die richtigen Zeichen! Du kannst noch viele retten!', plötzlich begriff Yamamoto auch die letzten Worte des alten Kochs.

Er kannte längst die richtigen Zeichen dafür!

Ruckartig legte Yamamoto den Fisch bei Seite. Einen Stuhl schob er zurecht vor dem Tisch und trug Papier und Bleistift zusammen.

„Sollen sie da oben ruhig noch eine Weile denken, alles wäre in Ordnung!", zauberte ihm der Gedanke, der plötzlich aufgetaucht war, ein Lächeln auf das Gesicht.

Er setzte sich und begann zu schreiben.

Lange saß er so vertieft. Er bemerkte nicht einmal, dass der Kater zu seinen Füßen längst eingerollt döste.

Dann, endlich, war er fertig. Behutsam legte Yamamoto den Stift bei Seite und hob das Blatt ins Licht.

Sofort erhob sich der Kater und sah neugierig zu dem Papier hinauf. Ob er die Striche und Punkte, die es ganz ausfüllten, erkannte?

Ein letztes Mal überflog Yamamoto den Morsecode. Es war seine Botschaft an die Welt. Das waren seine Zeichen!

Yamamoto legte die Hände aneinander und führte sie zum Gesicht hinauf. Feierlich war ihm zumute. Er hauchte in seine Handflächen hinein und sog durch sie hindurch die Luft wieder tief ein danach.

Er wusste plötzlich, dass der verräterische Duft von Schuld sich auflöste. Hier im Bunker! Durch seine Worte! Und die Toten nebenan gaben ihre mächtigen Namen dafür her!

Entschlossen setzte Yamamoto sich an den Morseapparat. Noch einmal atmete er tief durch, spürte seine Aufregung.

Aber dann legte er seine Hand auf den Taster des Morseapparates und begann zu senden:

„Die Männer und Frauen sollen sich satt essen und ihr Leben genießen. Die Kinder dürfen wieder spielen und lernen. Die Soldaten können Häuser bauen. Und Äcker bestellen. Es muss nie wieder Krieg geben!"

---- --- -- - --- - --

Zeitfracht Medien GmbH
Ferdinand-Jühlke-Straße 7
99095 Erfurt, Deutschland
produktsicherheit@kolibri360.de

Kadlin Mallet

Als Kind wollte Kadlin Mallet für immer träumen. Von anderen Welten und von anderen Zeiten. Von Drachen, die durch ihre Stube kreisten und einem Universum über ihrem Bett. Groß und Weit war es und die Schwärze gefüllt mit strahlenden Ideen.

Als Erwachsene greifen ihre Gedanken nach den Sternen, während Hände über die Tastatur tanzen. Mal schreibt sie dann, mal verliert sie sich in einem guten Game und Unterhaltungen mit Freunden.

Und dann pirscht sie mit der Kamera in der Hand hinaus und macht Bilder von Himmel, Blatt, Baum, Blüte, Frosch...

An ihrer Seite: Ihr Freund und der Abenteuer-Plüschpinguin TP, die den Weg ins nächste Abenteuer weisen.

Tanz mit mir, mein Freund.

So lernen Träume fliegen.

© 2023 Kadlin Mallet

ISBN Softcover: 978-3-347-84041-6

Druck und Distribution im Auftrag :
tredition GmbH, An der Strusbek 10, 22926 Ahrensburg, Germany

Inhaltsverzeichnis

Pray, my dear - Prolog

»Verfluchtes Volk! Verstecken sollte man sie. Wegsperren gar!«

Der Platz war gut gefüllt und unzählige Menschen drängten sich vor Rednerpulten. Die Männer und Frauen dahinter, alle gekleidet in bunte Stoffe und glitzerndem Schmuck. Hüte und Stehkrägen verbargen ihre Gesichter, aber die dunklen Augen, die sie sehen konnte, ängstigten sie. Da war kein Funken Wärme, keine Herzensgüte. Nur abgrundtiefe Kälte. Hass und strenge Worte.

Der Masse gefiel es, sie hingegen verstand nichts. Die Redner nicht – was war ein Fluch? – und die Aufregung dar-

um noch viel weniger – Verstecken, war
es denn geheim?

»Worüber reden sie da, Mutter?« Das
Mädchen beeilte sich, mit den Schritten
mithalten zu können, die hier auf dem
Platz plötzlich weiter und ausladender
geworden waren. Wegführten von dieser
Masse und den seltsamen sprechenden
Hüten im Schatten eines großen Gebäu-
des. Der Ratskammer? Zumindest hat-
ten die Erwachsenen dieses seltsame
Wort benutzt.

»Nichts Wichtiges, mein Kind.« *Wirklich?* Das sah ganz anders aus.

»Komm' mit.« Ihre Mutter nahm ihre
kleine Hand und plötzlich war da wieder
Wärme. Ein Sonnenstrahl auf ihrer
Haut, der durch die Wolkendecke brach.

»Aber es stehen so viele Leute da!«
Sie warf einen Blick über ihre Schulter

zurück, sah Johlen und Klatschen nach weiteren Worten: »Wegsperren? Ich sage: Nein! Im Kampf kann uns die Fähigkeit, die der Fluch mit sich bringt, von Nutzen sein! Lasst sie Kämpfen, bis wir die Dämonen zurückgedrängt haben – für unser Land, für unsere Freiheit!«

Ein Raunen und die Schritte der Mutter wurden schneller.

»Welcher Fluch? Und was für Dämonen?«, wollte das Mädchen wissen. Etwa die unter ihrem Bett? Aber die gab es doch nicht, das hatte ihr Vater doch versichert! Oder die, von denen alle nur hinter vorgehaltener Hand sprachen? Die, die plötzlich seltsamen Mustern entstiegen waren, die sich immer weiter ausbreiteten? Sie hatte das Flüstern gehört, verstehen aber... Es war seltsam. Linien und Kreise tauchten doch nur auf, wenn man sie selbst malte, nicht aus dem Nichts an Boden und Himmel! Sie schüttelte den Kopf. Komische Erwachsene.

Das Mädchen erhielt keine Antwort, die bekam sie nie, wenn sie genauer nachfragte. Was sie stattdessen sah, war Angst und Unbehagen in der Mimik ihrer Mutter.

»Mutter?«, fragte das Mädchen dennoch. Vielleicht hatte sie ja heute mehr Glück?

»Nichts, womit wir uns beschäftigen wollen, Kind. Bete nur, dass es keinen von uns treffen wird.«

Beten? Wofür beten, wenn sie nicht einmal wusste, was es war? Oder wofür?

»Und träume nie, mein Kind.« Eine Hand auf ihrem Kopf. »Träume nie.«

Kein Traum, wie schade! Ihre Freunde redeten doch ständig über den Traum ihrer Zukunft!

Just one Dance

*Heute Nacht hab' ich geträumt. Ein
Kuss von kalten Lippen, ein Hauch auf
meiner Stirn. Danach kam unsagbare
Kälte, und flüsternde Worte in meinem
Inneren:* Berste, breche, brenne! Friere!
*Ein langer Schrei und die Welt hatte
sich geändert.*

*Kribbeln in meinen Händen und ein
einziger Drang: Hinaus, alles hinaus!
Zerstört die Welt, ein einzelnes Chaos
um das fröstelnde Flammen zuckten.
Ein einzelnes Gesicht in ihrem Kreis
durchzogen von zuckenden Mustern. Es
lachte unter dunklen Augen.*

*Das Leben am Morgen. Es war ein ande-
res. Bitterkalt und voller Einsamkeit hin-*

ter berstendem Schmerz und brennen-
den Fingern.

»Gehabt euch wohl.« Ein letzter Satz
vor langem Weg. »Gehabt euch wohl...«

Die Eltern, Freunde, Geschwister nur
noch winkende Silhouetten, die schnell
verschwanden.

You and me: bittersweet

Knistern, Knirschen, lautes Rauschen
und eine Gänsehaut, die meine Arme
hinabjagte.
Es ist noch immer da. Ich schluckte und
meine Füße, die kleine Kreise in den
Staub malten und wieder verwischten,
stoppten ihren Lauf. Nach all den Stun-
den war es noch immer da – schwer wie
Gewitter –, und ich konnte es so über-

deutlich spüren, als wäre der letzte Zauber gerade erst gesprochen worden.

Ich zog den Kopf ein und wagte einen Blick in den Himmel: Muster. Kleine Linien und Kreise, kaum zu sehen und bereits dabei, zu verschwinden. Wahrscheinlich sah sie auch niemand der anderen mehr, nur noch ich – und die anderen Verfluchten.

Meine Finger kribbelten unter den Bandagen und summten – *bre-*. Ich ballte sie zu Fäusten und schüttelte den Kopf. Weg mit dem Gedanken! Ich wollte ihn nicht fühlen, wollte ihn nicht hören! Und trotzdem war er da, tief in mir, ein kaltes Flüstern, wie immer seit diesem Traum. *Verdammter Fluch!*

»Denk nicht dran«, flüsterte ich leise. Doch das Jucken in meinen Händen blieb. Das Knistern in der Luft schwand nicht und auf meiner Zunge schmeckte ich Magie. Verfluchte Magie! Meine Beine spannten sich an, die Hände verkrampften und ein Knoten bildete sich in meinem Bauch.

»He!«

Ich blinzelte und sah auf. Es kam selten vor, dass man mich so direkt ansprach. »J-ja?«

»Dein Stockbrot.« Und dann auch noch von... *ihm?* Aber nein – ich schüttelte innerlich den Kopf – *seine* Stimme war melodischer und nicht so tonlos. Ich hatte ihr hier in diesem Lager oft gelauscht, nachdem er und die anderen sich dem Heer angeschlossen hatten. Wahrscheinlich hätte ich sie selbst dann erkannt, wenn sie nur ein Flüstern im Wind gewesen wäre – ein melodisches Flüstern im Wind.

»Mein...« Ich blinzelte abermals, als schlanke Finger vor mir auftauchten und ein süßer Duft meine Nase kitzelte. Sofort atmete ich tief ein und Wasser lief mir im Mund zusammen. *Mein Stockbrot.* Wie hatte ich das nur vergessen können!

»Danke!«, sagte ich und griff nach dem Stock. Ich sah von meinen verkrampften Fingern auf. Und erstarrte. Das war doch... *er?* Ungewöhnlich, er war so anders als sonst!

Helle Augen trafen meine. Auch er lächelte, aber da war kein Leuchten, das mich immer so sehr faszinierte. Kein warmes Glitzern, nur ein müder Blick und dunkle Ringe darunter.

Seltsam, dachte ich und legte den Kopf schief. Aber er sah aus wie immer – nun, wie immer nach einem Kampf:

die langen Haare waren zu einem Dutt an seinem Hinterkopf gebunden. In einer langen Strähne an seiner Stirn war eine Feder eingeflochten und seine lederne Kampfkluft mit Bogen und Messer war einer weiten Hose, Stiefeln und einem Hemd gewichen. Der einzige Unterschied zu sonst, der mich ein wenig irritierte: Über dem Hemd trug er eine einfache Weste. Nun, sofern man elfische Kleidung als *einfach* bezeichnen konnte. Der Stoff sah weich wie Seide aus und war reichlich verziert mit bunten Pflanzen und grünen Strickmustern, die sich selbst noch über seine Hose wanden.

Hitze brannte in meinen Wangen und ich beeilte mich, woanders hinzusehen. Er sah aus als sonst und wahrscheinlich starrte ich schon wieder – auch wenn sein Aussehen ein herber Kontrast zu seinem Auftreten war.

»Ein Lächeln.« Ich wusste es. Das schlich sich immer auf meine Lippen, wenn ich an ihn dachte. Oder ihn sah. Oder er auch nur irgendwie involviert war. Es war... ich war... *verliebt.* Oh, bitte lass es ihn nicht bemerkt haben. Es war mir ja selbst schon unangenehm genug! Ich als Mensch – Verfluchte! – in ihn, einen Elfen. Einem Wesen aus Fabeln und Legenden und nun fleischgeworden in diesem Kampf gegen Dämonen und ihre Muster.

»Es sieht bezaubernd aus.« Es... es tat was? Mein Herz setzte einen Schlag aus und raste dann gegen meinen Brustkorb. Damit hatte ich nun gar nicht gerechnet! Er fand es bezaubernd. *Er!*

Ein Lächeln folgte. Ich kannte Schöne-
re vom ihm und doch, ich hätte schmel-
zen können.

»D-danke«, sagte ich leise und atmete
tief durch. Warum war ich plötzlich so
nervös? *Wegen ihm, er ist so schön
nahe,* flötete eine Stimme in meinem
Kopf.

Er ging nicht, so wie es jeder andere
getan hätte. Stattdessen griff er sich
selbst einen Stock und schielte zu dem
Platz an meiner Seite. Hu? Er wollte
doch nicht wi-

»Ist hier noch frei, Finya?«, fragte er
und kratzte sich am Hinterkopf.

Ich blinzelte – wieder, wenn das so
weiterging, sorgte er dafür, dass ich den
ganzen Abend so verbrachte! – und
starrte neben mich. Der ganze Stamm
war noch frei, zwei Bänke daneben, eini-

ge Plätze auf der anderen Seite des Feuers. Dort, wo auch die anderen Elfen hockten und lachten und er wollte ausgerechnet hier bei mir sitzen?

»Ja, sicher«, sagte ich. Träumte ich? Ich musste!

»Wunderbar.« In einer derart fließenden Bewegung, wie ich sie bisher nur bei Elfen gesehen hatte, ließ er sich neben mir auf dem Stamm nieder. Er wirkte nicht entspannt, aber durchaus zufrieden und streckte seine Füße dem Feuer entgegen. Der Schein der Flammen zeichnete Schatten auf seine Stiefel und Hosen, die die eingestickten Muster lebendig aussehen ließen. *Wie Blätter im Wind,* dachte ich fasziniert.

Ich spürte seine Wärme an meiner Seite, obwohl wir uns nicht berührten, und atmete seinen Duft nach Blüten und

Wiese tief ein, der so gut zu dem Schattentanz auf seiner Kleidung passte. Ein Flattern in meinem Bauch, ein Kribbeln und ich hoffte wirklich, dass er nichts davon bemerkte. Oder ahnte, was seine Nähe alleine in mir auslöste – sein Geruch nach Natur, der hier im schlammigen Lager durch und durch ging.

Ich nestelte an einer Falte im Stoff meines Rocks, während ein einziger Gedanke durch meinen Kopf tanzte: *bezaubernd, bezaubernd, bezaubernd.*

Ein Kichern wollte mir entkommen. Wie eines dieser verliebten Mädchen und es kostete mich alle Mühe, es nicht zu tun. Nur das Lächeln, das konnte ich nicht verhindern, oder das Prickeln auf meinen Wangen.

Ein Seitenblick. Hinauf von den Naturstickereien auf seiner Hose, über die rechte Hand, die den Brotstock hielt – verkrampft, wie ich verwundert fest- stellte – bis ich an seinem feingeschwun- genen Gesicht angekommen war. Es lag keine Emotion darin, kein verkrampfter Kiefer, keine faltige Stirn, nur ein Ge- sicht wie aus Stein gemeißelt und fast ebenso blass.

Kein Lächeln, dachte ich. Ich mochte es gerne an ihm, so ohne wirkte er ir- gendwie abwesend. Und vielleicht war er das auch? Ich wusste es nicht.

»Meinst du das ernst?«, fragte ich lei- se. Wenn er es hörte, könnte er darauf antworten, wenn nicht, dann hatte ich meine Antwort und würde ihn mit sei- nen Gedanken in Ruhe lassen.

Es war still auf meiner Seite des La- gerfeuers – der verfluchten Seite, wie ich sie gerne nannte – nur das Knistern des Feuers und das Johlen der anderen, ein Raunen in der Nacht, in das sich sein Schweigen bestens einfügte. Denn natürlich hatte er nichts gesagt.

Ich griff zu meinem Stockbrot, das neben mir in der Erde steckte und lange abgekühlt war, als er plötzlich blinzelte und ich den Blick seiner hellen Augen auf mir spürte. Er reagierte doch noch?

»Hattest du etwas gesagt?« Ein Glitzern, das sofort wieder erlosch und ihn nun nicht nur abwesend, sondern auch stumpf erscheinen ließ.

»Ja.« Ich schob den Gedanken beiseite. »Hast du das mit dem Lächeln ernst gemeint?«

Seine Mundwinkel zuckten. Ein beginnendes Lächeln oder doch etwas anderes? Dann brach er ein Stück Brot vom Stock und zerbröselte es zwischen seinen Fingern, bis der Boden zwischen seinen Beinen von Krumen übersät war. Ich beobachtete ihn gespannt und so langsam überkam mich das Gefühl, dass heute etwas passiert war, während wir Verfluchten die Muster im Sand und in der Ferne zerstört hatten.

Aber hätte ich das nicht lange erfahren, und sprach die feiernde Meute auf der anderen Seite des Lagerfeuers nicht Bände? Vielleicht, als Verfluchte hatte ich schon viel zu oft als Letztes mitbekommen, was vorgefallen war. Oder das etwas vorgefallen war.

»Jedes Wort.« Mein Herz! Ich hielt die Luft an. Hatte ich richtig gehört?

Mein Lächeln, es sieht bezaubernd aus! Er fand es bezaubernd!

Er zuckte mit den Schultern, auf den Lippen nun ein leichtes Schmunzeln.

»Ehrlicherweise wusste ich auch gar
nicht, dass du überhaupt lächeln
kannst.«

Ich stieß einen Schwall Luft aus.

»Was?«

Dabei war er es doch, der mich immer
wieder dazu bringen konnte! Ein Gedanke und meine Mundwinkel schwebten,
ein Blick und es war da!

Er hat es nicht bemerkt, stellte ich er-
nüchtert fest. Nichts davon.

Meine Schultern sackten nach vorne
und meine Hände fühlten sich so leer
an. Fast leer, wären da nicht die Bandagen gewesen.

»Entschuldige«, sagte er, doch ich
schüttelte den Kopf. Er konnte nichts
dafür. Es war nur seine Wahrnehmung –
und meine Wirkung auf andere. Das Los
einer Verfluchten, die ohnehin nicht vie-

le Gründe hatte, zu Lächeln. Obwohl, wusste er überhaupt davon?

Ich schüttelte erneut den Kopf.

»Schon gut. Ist es schlimm so ohne...«

Lächeln. Denn wenn ich damit bezaubernd aussah, wie wirkte ich ohne?

»Schlimm?« Er zog die feingeschwungenen Augenbrauen zusammen, bis sie eine Linie unter seiner gekräuselten Stirn bildeten. Verwirrung wechselte sich mit Überraschung ab und sein leichtes Schmunzeln wurde zu einem Lächeln mit kleinen Grübchen in seinen Wangen. Oh, es war so schön!

»Du siehst eher zielgerichtet aus. Wie jemand, der weiß, was er will. Und manchmal verkniffen.«

»Ah...«, sagte ich, weil ich nichts anderes zu erwidern wusste. Zielgerichtet... der weiß, was er will. Meine Hände ballten sich zu Fäusten, bis die Bandagen in mein Fleisch schnitten. Natürlich wusste ich das – der Fluch sollte endlich verschwinden! Am besten mitsamt dieser Muster – aber das war nichts, auf das ich wirklich selbstständig und aktiv hinarbeiten konnte. Nichts, was ich in der Hand hatte...

Ich fuhr mir über mein Kinn und Wange, berührte nachdenklich meinen Mundwinkel, ehe ich mir seinem Blick bewusst wurde. Aus diesen hellen Augen, über die nur Elfen verfügten und in deren Schein ich schier versinken könnte.

Oder verkniffen, Finya, fügte eine Stimme in meinem Kopf an und holte mich zurück. Na wunderbar.

Er lächelte wieder und dieses Mal wirkte es so herrlich deplatziert wie er selbst an diesem Feuer – und meine eigenen Gedanken. »Manchmal starrst du auch einfach nur in den Himmel.«

Das war ihm aufgefallen nicht aber, was es mit mir machte? »Und lächle.«

»Tust du?«, fragte er. Eine Braue wanderte in seine Stirn.

Ich nickte. »Der Anblick des Himmels entspannt mich, und wenn dann noch ein laues Lüftchen weht...«

Ich schloss für einen Moment die Augen und atmete tief ein. Dann konnte ich die Welt um mich herum ausblenden. Meinen Fluch, die Sondereinsätze, die mich viel zu nahe an die Muster führten und den Ort, an dem ich mich befand. Ich konnte mir vorstellen, auf dem Marktplatz meiner Heimat zu sein, meine Mutter neben mir, hörte das Lachen meiner Freunde... Es war eine Illusion, der ich mich nur zu gerne hingab, auch wenn sie sehr wackelig war und sofort verblasste, öffnete ich meine Lider wieder. Oder hörte die Hammerschläge der Schmiede, das Brüllen von Befehlen oder das Klappern von Rüstungen.

»... es hilft zu vergessen.«

Seine Ohren zuckten und kurz spähte er zu den anderen Elfen. »Was willst du vergessen?«

Konnte ich es ihm erzählen? Ich seufzte. Nicht alles, nicht, wenn ich wollte, dass er blieb. Die Bandagen drückten gegen meine Haut.

»Meine Sonderaufgaben hier.« Das sollte allgemein genug sein.

»Bist du deshalb nie unter der Haupttruppe auf dem Schlachtfeld?« Ich verspannte mich. Meine Muskeln schmerzten und ein Schrei der Erinnerung zuckte durch meinen Kopf: *Brenn'!*

Und sie hatten gebrannt heute. Die Muster im Sand, aus denen diese gehörnten Wesen gekommen waren. Die Wesen selbst, die nur Momente später von Eis getroffen und vom Blitz erschlagen wurden – und wer das überlebte, außerhalb der Reichweite der verfluchten Magie war, wartete auf Pfeilhagel und Schwertstreich.

Zerstöre! Ein Flüstern zwischen den Lagen meiner Bandage, ein Kribbeln in meinen Händen, das im Gleichklang mit der Magie in der Luft summte. *Chaos!*

»Finya?« Eine Hand auf meinem Arm und ich zuckte heftig zusammen. »Alles gut? Dein Ausdruck sah beängstigend aus...«

»Beängstigend?«, formte ich tonlos und spannte die Muskeln meiner Arme an, bis der Schmerz das Flüstern erstickte und nur das Summen blieb. In mir oder über mir? Ich wusste es nicht, wusste nur, dass es da war, noch immer.

Ich fröstelte und da war das Gefühl von kalten Lippen auf meiner Stirn. Nicht real, nur Einbildung und trotzdem erschauerte ich und bemerkte ein Zittern in den Händen. Verdammter Fluch! Ein Kichern in meinem Kopf, das zu einem Rauschen anschwoll.

Konzentrier' dich nicht darauf, Finya! Denk' an das Hier und Jetzt! Ich klopfte mir gegen die Wangen, bis ich das leise Raunen um mich herum wieder hören konnte. So war es doch schon viel besser.

»Finya?« Er erschien vor mir, das Gesicht von Sorge gezeichnet und es tat mir leid. Er kannte den Fluch nicht, seine Auswirkungen nicht: Nicht den Drang, zu zerstören, nicht das Flüstern, in dem man sich verlieren konnte.

»Alles gut.« Er war wenig überzeugt, natürlich, ich wäre es auch nicht gewesen. »Nur Bilder.«

Nicht die Wahrheit, aber nah dran und so fühlte sich die Lüge gleich viel besser an. Insbesondere ihm gegenüber.

Er drückte sanft meinen Arm und aber die Sorge schwand aus seinem Gesicht, bis er nun neutral wirkte. Zumindest nicht mehr abwesend. Ein Fortschritt, oder?

»Ich hätte nicht so neugierig sein sollen.«

»Aber ich kann es verstehen, ich wäre es auch gewesen.« Das war ich als Kind bereits gewesen und hatte zu allem Fragen gestellt, was um mich herum passierte. Nicht immer gab es eine Antwort und oft guckte ich alleine danach, aber nur so konnte man Neues lernen.

»Du?« Seine Augen leuchteten auf und mit ihnen mein Herz. Wie das Glitzern der Sterne, ein Funkeln in der Nacht. »Das hätte ich nicht gedacht.«

Natürlich nicht. Der Fluch verhinderte, dass ich mich so offen bewegen konnte, wie ich wollte. Die Menschen hatten Angst in meiner Nähe zu sein und nur wenige Elfen mischten sich unter die Menschen – so wie es in den Geschichten, die ich als Kind über sie gelesen hatte.

»Trotzdem war es unangebracht. Besonders heute...«

»Heute?«, fragte ich. Was war so besonders an heute? Sie hatten Muster zerschlagen, Dämonen zurückgedrängt, wie sie es immer wieder taten.

»Die Schlacht«, presste er hervor. »Nach all den Kämpfen. Es war unangebracht heute danach zu fragen. Und ich hoffe, du kannst mir das nachsehen?«

Oh, natürlich. Der Kampf. Für die Elfen war das noch etwas Besonderes, sie waren noch nicht lange hier, erst seit die ersten Muster auch den Waldrand erreicht und immer mehr dieser fremdartigen Wesen auf Wiesen und Lichtungen entdeckt wurden – und wie überrascht ich gewesen war, sie zu sehen! Ich kannte sie nur aus den Büchern und Erzählungen. *Und natürlich hast du dich gleich hoffnungslos in einen verlieben müssen...*

Für mich hingegen war der Kampf nichts Besonderes mehr, er kam viel zu oft vor. Viel schlimmer war die Magie, die anschließend in der Luft hing... aber das verstanden nur Verfluchte, für alle anderen, war er einfach nur ein Abend nach der Schlacht. Sie nahmen das Knistern und Rauschen nicht wahr, fühlten kein Summen in ihren Händen, hörten kein Flüstern...

»Ist schon fast wieder vergessen. Mach dir keine Sorgen.« *Es war nur ein Kampf,* hätte ich fast angefügt und schluckte die Worte dann doch herunter. Nicht für ihn, für ihn war es mehr – und vielleicht auch der Grund, warum er heute war, wie er war. Außerdem hätte ich ihm vieles Verzeihen können. Allein, weil sich seine Anwesenheit, sein Lächeln und seine Wärme manches Mal schon wie ein Geschenk anfühlten.

»Danke!« Seine Züge hellten sich auf.

Vielleicht doch nicht hoffnungslos verliebt, Finya. Ich blinzelte überrascht. Was war das für ein Gedanke! Er war ein Elf, was sollte er von mir schon wollen – von einer Verfluchten, die beim kleinsten Gedanken an ihre Magie schon Probleme bekam? Bei der leisesten Erinnerung?

Er ist reichlich nervös und daran interessiert, dass du kein schlechtes Bild von ihm hast. Das ist ein Zeichen!

Ein Zeichen? Wie absurd, das war nur Wunschdenken! Trotzdem sah ich in sein makelloses Gesicht, so gänzlich ohne Falten. Ein Lächeln hatte sich über seine Unsicherheit gelegt. Dennoch, ich konnte sie noch immer sehen. Noch immer spüren, und vielleicht, wenn wir schon so miteinander sprachen, konnte ich ihn fragen, was auf seinem Herzen lastete.

»Was ist mir dir?« Seine Augen wurden groß und er zog seine feinen Augenbrauen zu einer schmalen Linie zusammen. »Alles in Ordnung?«

»S-sicher, warum sollte es nicht?«

Nun... ich biss mir auf die Lippen. Wie formulierte ich es passend? Ohne zu sagen, dass das Leuchten in seinen Augen fehlte, ohne zu sagen, dass da keine Melodie in seiner Stimme war, die mein Herz höherschlagen ließ, ohne zu verraten, dass seinem Lächeln die Wärme fehlte – ohne meine Gefühle für ihn offen zu legen! Ich wusste es nicht, wirklich nicht und zögerte, bis mir eine Idee kam: »Nun, du sitzt hier und nicht bei deinen Freunden und hast bis eben sehr... abwesend gewirkt.«

Hinter dem Schein des Feuers tanzten und lachten spitze Ohren in der Nacht. Stießen Krüge aneinander und stopften sich etwas in den Mund, von dem ich nur raten konnte, was es war. Sie wirkten so anders, als er es tat. So ausgelassen und glücklich. Es war... wie das Glitzern der Sterne und das weite Schwarz dazwischen.

»Nicht, dass ich es nicht schätzte. Ich tue es sehr«, ich biss mir auf die Lippen, nun hatte ich es doch ausgesprochen – bestimmt hatte seine Nähe mich verleitet, diese Wärme – und schob eilig hinterher: »Es ist nur noch nie passiert.«

Er lächelte – warm und ehrlich – doch so schnell wie es erschienen war, so

schnell war es auch wieder weg. Kopf-
schütteln, seufzen und er sah zu den anderen Elfen und wieder zurück zu mir.
Seine Hand zuckte, verkrampfte sich
und er seufzte erneut.

»Ich...«, seine Stimme drohte zu bre-
chen, »i-ich bin mir nicht sicher.«

Ich öffnete meinen Mund und schloss
ihn wieder. Was sollte ich darauf sagen?
Ich wusste es nicht und berührte ihn in
meiner Hilflosigkeit an seiner Schulter.
Drückte sie. »Versuch es zu beschrei-
ben? Natürlich nur, wenn du möchtest.«

Er schenkte mir einen langen Blick
aus diesen hellen Augen und für einen
kurzen Moment, sah ich mehr darin
schimmern, als nur die bloße Oberflä-
che. Trauer, Schmerz... Er schüttelte
den Kopf und zog mit seinen Stiefeln
Kreise auf dem Boden, bis die Krumen

unter Sand verschwunden waren, als schätze er ab, was er mir verraten könne – und was nicht.

Dann: »Alles um mich herum feiert nur den Sieg. Freut sich auf den Nächsten. Ich ertrag das nicht, all das... all das...«

In mir zog sich alles zusammen. Mein Magen krampfte, Übelkeit und meine Muskeln spannten. Ich wusste genau, was er meinte.

»Leid«, presste ich hervor und hörte, wie er Luft ausstieß. Und plötzlich war es nicht mehr nur in seinen Augen, seiner Stimme oder Haltung. Plötzlich hing es zwischen uns, greifbar in der Luft und erschwerte das Atmen.

»Ich will, dass es endlich aufhört.«

Ich lächelte schwach. Wer wollte das nicht? Und für ihn hoffte ich wirklich

sehr, dass sich die Frontlinien bald weit
genug verschoben hatten, dass sein
Wald in keiner Gefahr mehr schwebte.
Dass wir die Muster schließen und zerstören konnten, die seinen Wald bedroh-
ten. »Nicht nur du. Ich will es auch.«

Seine Mundwinkel zuckten und er sah
erst zu den anderen Elfen und dann in
den Himmel. »Sie waren so begeistert,
dass ich es nicht mehr ausgehalten
habe. Und nun«, ich biss mir auf die Un-
terlippe, ein Stich jagte durch meine
Brust und ließ mich erzittern, »hier war
frei.«

»U-« Er sah so aus, als wolle er noch
etwas sagen. Doch was immer es war, es
starb auf seinen Lippen und verblieb
nur als unsicheres Glitzern in seinen Augen und einem weiteren Drücken meiner Hand. Ich würde nicht danach fra-

gen. Für mich gab es nur einen einzigen, schmerzhafter Gedanken:

Er saß nicht wegen mir hier – *wirklich?*

Wie konnte ich auch nur einen Moment daran geglaubt haben? Er war ein
Elf, ich nur eine Verfluchte. Natürlich
war da nichts, wie Interesse im Spiel –
oder Neugier. Aber ich hatte wenigstens
einmal hoffen wollen.

Es zog in meiner Brust und wo so viel
Wärme gewesen war, da war jetzt eisige
Kälte, die mich frösteln ließ und ich
wurde mir schlagartig des Knisterns in
der Luft wieder bewusst. Hoch oben
über mir und zwischen meinen Händen.

Es hätte so schön sein können – und
war es doch nicht. Verdammter Fluch.

»Ja.« Ich zwang mit aller Kraft die
Traurigkeit aus meiner Stimme, aus

meinem Gesicht. »Bin froh, dass ich dir helfen konnte.«

Er nickte und wirkte erneut, als wollte er etwas ergänzen. Er tat es nicht und ich sah nach oben – was blieb mir auch anderes? – aber wo vorhin noch das Glitzern war, das Leuchten der Sterne, da sah ich jetzt nur noch die Schwärze dazwischen. Weit und grenzenlos einsam und kalt. Wie es das Los der Verfluchten war. Verdammte Magie!

Nun, aber immerhin waren die Linien und Kreise dort oben inzwischen verblasst. Es sollte mich trösten und tat es doch nicht.

Er hat seine Unruhe mit dir geteilt. Ist das nicht etwas, Finya? Meine Gedanken rasten und ein Pochen schlich sich hinter meine Schläfen. Ja, aber war das etwas Besonderes?

Eure Hände, schoss es durch meinen Kopf und erst jetzt wurde ich mir der kleinen Kreise wieder bewusst, die sein Daumen auf meinem Handrücken zog. Durch die Bandagen spürte ich es nur indirekt, aber dieses Gefühl! Die Sterne glitzerten über uns.

Vielleicht konnte ich ja doch hoffen. Zumindest ein wenig.

»Sag', Finya«, begann er irgendwann. Der Platz war leer geworden, die Nacht kühl und er saß tatsächlich noch hier, neben mir.

Ich drehte meinen Kopf zu ihm, ein *Ja?'* schon auf den Lippen, während das Feuer leise knisterte und das Brennen und Jucken meiner Hände schon lange in ein angenehmes Prickeln umgeschwungen war – durch sanften Berührung –, da sprach er hastig weiter: »Was machst du, wenn das Heer weiterzieht?«

Die Nacht hatte seine Stimme rau werden lassen, wenngleich seine melodische Nuance zwischen einzelnen Wörtern aufblitzte. Sie war wieder da, genauso wie der entspannte Zug in seinem Gesicht, ein sanftes Lächeln und das Leuchten in seinen Augen, wie ich überrascht feststellte, als auch er sich von den Sternen abwandte und wieder zu mir sah.

Wann war das passiert? Irgendwann zwischen unserem Gespräch und dem Verschwinden des Johlen der Kämpfer um uns herum wahrscheinlich. Sicher wusste ich es nicht, ich wusste nur eines: So gefiel er mir wesentlich besser, als so unruhig und niedergeschlagen, wie er vorhin war.

»Wenn das alles vorbei ist?«, fragte
ich.

»Ja.« Er nickte und da war ein Leuchten, das meine Seele tanzen ließ. So
schön!

Nur, warum zogen seine Stiefel diese
Kreise im Sand? Erbauten Dünen, nur
um sie sofort wieder einzureißen und
warum trommelte er gegen seinen Ober-
schenkel? Er wirkte... *so nervös.*

Ich runzelte die Stirn und eine Überle-
gung jagte durch meinen Kopf, die mich
innehalten ließ:

War doch ich der Grund, warum er
hier saß?

Denn selbst wenn er nur geflohen war,
weil ihm das Siegesgejubel auf das Ge-
müt geschlagen hatte, es waren viele
andere Plätze neben mir frei gewesen.
Und er hätte kein Gespräch mit mir be-

ginnen müssen, ihm hätte es egal sein können, wie ich seine Worte auffing.

War es das gewesen, was vorhin auf seiner Zunge unausgesprochen geblieben war?

Etwas in mir wollte protestieren, den alten *Elf-Verfluchte-Gedanken* ausspielen, doch ich sträubte mich dagegen. Da war mehr und sein Verhalten war der beste Beweis dafür: Er hätte gehen können, sobald sich die Gelegenheit ergab. Und diese Nervosität, wo er sonst doch immer selbstbewusst war!

Trotzdem, so lange der Fluch auf mir lastete, gab es nur eine einzige Antwort auf diese Frage: »Ich werde mit dem Heer weiterziehen.«

Es hielt meinen Kopf nicht davon ab, Bilder zu zeichnen. Von ihm und mir zu einer anderen Zeit, an einem anderen

Ort. Vollkommen ohne Magie, ohne Verantwortung, und inmitten eines Waldes, über dem hell die Sonne thronte. *Wohnten Elfen in Städten? Oder doch zwischen Baum und Blatt?* Die Frage kam mir naiv vor, aber ich kam nicht umhin mir einzugestehen, dass ich keine Antwort darauf wusste. Ganz gleich, wo sie wohnten, ich wollte es sehen. Genauso wie ich mehr von diesen hellen Augen sehen wollte, die mich so voller Interesse anschauten. So voller...

»Oh.« Er presste die Lippen zu einem schmalen Strich zusammen und seine Finger krampften um ein Stück Rinde, das noch am Stamm klebte.

Hoffnung? Hatte er gehofft, dass wir... dass ich? Flattern in meiner Brust, ein heftiges Kribbeln in meinem Körper. Sofort danach eilte ein Schauer über meinen Rücken und der Nachtwind brüllte mir kalt ins Gesicht. Meine Antwort fühlte sich schrecklich an.

»Tatsächlich?« Ein Schatten legte sich über sein Gesicht. »Ich hatte mit einer anderen Antwort gerechnet. Geho-«

»Gehofft?« Er sah überrascht auf und waren seine Wangen dunkler geworden? Ich hätte gekichert, wenn es die Situation zugelassen hätte. Wirklich. Aber wo es sich eben noch frei und unbeschwert angefühlt hatte, drückte die Luft nun schier auf meine Schultern – und bestimmt auch auf seine.

»J-ja.« Was sollte ich dazu sagen? Wahrscheinlich wäre ich nicht minder überrascht – und enttäuscht – gewesen, hätte er mir diese Antwort gegeben. Nach unserer Unterhaltung, es war absurd. Man wollte, dass das Leid aufhörte und folgte ihm doch? Ich wurde mir der Bandagen an meinen Armen plötzlich überdeutlich bewusst. Wie sie auf meiner Haut lagen, scheuerten, einengten. Einfach da waren!

»Warum hast du... gehofft?« Ich flüsterte und merkte erst jetzt, wie sich alles in mir anspannte. Dass ich es nicht mehr wagte, ihn anzusehen, sondern lieber auf den Boden starrte. Auf all dem Staub und Dreck, der dort Hügel entlang meiner Stiefel bildete.

»Nun w-weil...« Ein Räuspern und aus seiner Stimme war jedwede Melodie gewichen, nur um plötzlich einem Feuerwerk gleich zu explodieren. Ich verstand es kaum: »Vielleicht wären wir in dieselbe Richtung weitergezogen... du verstehst?«

Es kribbelte in meinem Bauch und das Gefühl jagte durch meinen ganzen Körper. Dieses Mal kicherte ich wirklich leise. Es war zu süß!

»Da hätte sich bestimmt ein Ziel gefunden«, sagte ich und es war die Wahrheit, »ich hab nur leider keine Wahl. Ich muss mit dem Heer weitrziehen.«

Es fühlte sich an, als schnürten sich die Bandagen immer enger um meine Arme. Meine Finger wollten zittern und konnten es doch nicht, als ich sie entschlossen gegen den Stamm drückte. Es tat weh, aber es war ein willkommener Schmerz, bedeutete er doch Ablenkung.

»Aber die hat doch jeder, wenn das Lager abgebaut wird.« Seine Überraschung war in Irritation umgeschlagen und war das ein Hauch von Tadel, der zwischen einzelnen Silben auftauchte?

Einer Belehrung gleich? Es wirkte fast
so und ich fühlte mich, wie ein närri-
sches Kind. »Das weißt du doch, oder?«

Ich schnaubte, ohne es wirklich zu
wollen. Natürlich wusste ich das. Jeder
hier wusste das! Allerdings gab es einen
kleinen aber feinen Unterschied:

Er, wie jeder andere Kämpfer auch,
konnte gehen, sobald die Schlacht geschlagen war. Ich, eine Verfluchte hingegen, hatte zu bleiben. Nicht, weil ich es
so wollte, sondern weil die Gesetze des
Landes es so vorsahen. Zum Schutz der
eigenen Bevölkerung und um uns im
Kampf zu ermöglichen, den Fluch
schnell auszubrennen. Ich konnte nicht
abstreiten, dass es so war – für die meis-
ten – aber mögen musste ich es ja dennoch nicht, oder? Der Kampf war nicht

meine Welt und würde es auch niemals werden.

Tief einatmen, Finya. Nicht hineinsteigern. Das würde helfen und ich tat es ein weiteres Mal, als die kühle Luft in meinen Lungen tatsächlich so etwas wie Ruhe mit sich brachte.

Ich schüttelte den Kopf. Weg mit den Gedanken!

»Nicht?«, fragte er. »Ach Finya!«

Er hatte es falsch verstanden. »Ich weiß um die Regeln.«

»Und trotzdem willst du freiwillig weitermachen?«

»Ja.«

Nun war er es, der ein Schnauben ausstieß. Er schüttelte den Kopf und sein Blick brannte auf mir. Ich hätte mich darunter winden können. »Warum?«

Es wäre so einfach, es ihm zu erklä-
ren. Ich müsste dafür nur die Bandagen
von meinen Armen lösen und ihm meine
Hände zeigen. Aber damit wäre auch
der Abend beendet.

Ist er das nicht ohnehin schon? Ich
seufzte. Ja, denn wenn ich jetzt keine
verständliche Antwort gab, würde er gehen und mit ihm all die Hoffnung, die
heute in meiner Brust erwachsen war.
All die kleinen Bilder, all das Flattern.
Ich wollte es nicht.

Ich löste den Verband, bis unter den
dicken Schichten der Bandagen meine
blasse Haut zum Vorschein kam. Und
mit ihr all die zarten Linien, die sich so
lange durch meine Haut fressen würden, wie sie Kraft daraus schöpfen könnten. Es war ein Hauch nur, nicht mehr

und trotzdem das, was mich zeichnete. Mein Fluch.

Die Luft glitt kühl um meine Finger. Ich hatte ganz vergessen, wie sich das anfühlte und ballte sie zu Fäusten, als eine Brise um sie flüsterte. Wie ungewohnt. Dann streckte ich sie ihm zitternd entgegen. »Deshalb. Mich hat der Magiefluch getroffen.«

Er würde gehen. Natürlich würde er das. Niemand war geblieben, nachdem er vom Fluch erfahren hatte. Warum sollte er der erste sein? *Weil er dich mag, Finya.* Ich wollte schnauben und konnte es doch nicht. Da war keine Kraft für. Und ohnehin, gemocht hatten mich viele, aber das hatte niemanden davon abgehalten, sein Heil in der Flucht zu suchen. *‚Verflucht bist du?*

Bleib' von mir!' Und ängstliche Hände vor der Brust.

Ich ließ den Kopf hängen. War der Sand nicht interessant? Und wenn man es sehen wollte, konnte er im Licht des Feuers sogar matt glitzern. Zumindest irgendwie.

Eine Träne rollte über meine Wange und tropfte zu Boden. Eine Zweite und ich wischte sie wütend mit meinen Stiefeln vom Boden. Nicht! Nicht, so lange er noch da war.

In meinen Hals zog ein Schluchzen und schnürte mir langsam die Kehle zu. Der Boden unter mir, eine einzige, verschwommene Masse.

Stille und das einzige, was ich hörte, war Rauschen und dazwischen das Pochen meines Herzens. Dann umfasste etwas meine Hände und ich stieß einen

Schwall Luft aus. Hatte ich sie angehalten? Ich hatte es nicht gemerkt.

Seine Berührung war hauchzart, wie der Kuss der Morgensonne, als er eine einzelne Linie nachzeichnete. Was... was tat er da?

»Nicht!« Abrupt jagte mein Kopf in die Höhe und meine Muskeln verkrampften. Hatte er denn keine Angst?

»Ich wusste gar nicht, dass du mit derartiger *Macht* gezeichnet bist.« Er sah auf, als er das Ende der Linie knapp über meinem Ellenbogen erreicht hatte. Der Ausdruck auf seinem Gesicht undurchsichtig, aber nicht ablehnend oder verängstigt.

Macht? Ich schüttelte den Kopf. Nein, das war keine Macht. Es war ein Fluch im Kleid schrecklicher Gewissheit: Alles würde sich ändern.

Er tanzte entlang einer weiteren Linie und stoppte an meinem Unterarm »Sie sind alle so kurz, so dünn.«

»Ja«, flüsterte ich. Meine Lippen bebten und da war noch eine Träne.

»Es wird lange dauern.« Lange? Das war gar kein Ausdruck. Eine *Ewigkeit,* das traf es besser. Zumindest fühlte es sich so an, denn lange war ich bereits hier und zog von Muster zu Muster.

»Wahrscheinlich.« Und meine Stimme zitterte.

Er rutschte näher. So nah, dass ich seine Wärme auf meiner Haut spürte. Ein Prickeln, ganz sanft, das sich über die Trauer legte.

»Kannst du mich jetzt besser verstehen?« Sein Daumen fuhr über meine Wange. Die Berührung wie der erste Sonnenstrahl nach langer Nacht. Ich wollte meinen Kopf gegen seine Hand lehnen, doch sie verschwand so schnell, wie sie gekommen war.

»Viel besser.« Warum klang er so glücklich dabei? So melodisch? »Wie lange kämpfst du schon damit?«

Das... das! Meine Augen wurden groß. Das hatte noch nie jemand gefragt!

»Oh, ich wollte nicht...« Er zog den Kopf ein und die Farbe wich aus seinen Zügen.

»Nein, nein.« Dieses Mal griff ich nahm ihm. »Es hat nur noch nie-« *egal, er hat!* Ich schüttelte den Gedanken ab. »Ich weiß es nicht mehr. Ich kann mich nur noch daran erinnern, wie es begonnen hat. An diese bittere Kälte.«

Mitten im Sommer und an dutzende Heiler, die an meinem Bett standen. An die vielen Wärmewickel, die helfen soll-

ten und es doch nicht taten. An die rat-
losen Gesichter. Und dann war eine erste Linie erschienen. Eine Spirale an meinem Finger, die ich so faszinierend
schön fand und die meine Mutter doch
hinter einem Flüstern so bitterlich zum
Weinen gebracht hatte: »*Aber ich hab'
doch gebetet.*«

Mir war, als legte sich ein Stein auf
meine Brust, ein Frösteln, als Bilder in
meinem Kopf auftauchen wollten.

»Finya?« Ich blinzelte und sah direkt
in diese hellen Augen. »Keine Angst, es
ist alles gut.« Es hätte Balsam auf meiner Seele sein können. Wohltuend, hei-
lend und ich wollte es glauben, wollte es
wirklich glauben. Nur wie sollte ich? Ich
hatte doch nicht einmal die Kontrolle
über mein eigenes Leben, sondern beobachtete nur, wie andere über meinen

Kopf hinweg entschieden. Nur den Fluch in mir sahen, keine Person. Und die Linien, die so dünn über meine Haut krochen, sprachen Bände: Es würde noch so lange dauern, bis ich wieder mehr war, als Verfluchte. Wenn es überhaupt dazu kam.

Seine Finger strichen über meine Hände. Über die nackte Haut. Ich wollte erschauern und zuckte doch zusammen. Er trägt ja gar keinen Schutz! Oh, verdammt!

»Steck' dich nicht an.« Ich wollte ihm meine Hände entziehen, doch er hielt sie fest in seiner Umklammerung. Nicht unangenehm und doch musste ich schlucken. Was tat er da? Niemand wusste, ob Berührungen allein bereits den Fluch übertragen konnten – oder ob es andere Gründe gab. Es war kein Risiko, das ich eingehen wollte. Nicht bei ihm. Das hatte er nicht verdient. »Bitte.«

»Keine Angst«, seine Stimme war wie eine lang ersehnte Umarmung, »so funktioniert das nicht.«

Nicht? Ein Feuer in meiner Brust. Ein Funken Hoffnung, der glitzern wollte. Nur... Woher wollte er das wissen? *Er ist ein Elf, Finya. Vielleicht wissen die mehr?* »Bist du dir sicher?«

Er grinste schief und zuckte mit den Schultern. »Nein.«

Der Funke erlosch, noch ehe er richtig hätte glitzern können.

»Es ist auch egal. Ich würde ihn mit dir zusammen durchleben.«

Was? Meine Augen wurden groß und energisch schüttelte ich den Kopf. Nein, nein, nein. »Nein!«

Er meinte es ernst, das sah ich ihm an. Seine Haltung, seine Augen, das Lächeln. Warum war er so leichtfertig? Warum das alles... für mich?

»Du weißt nicht, wovon du da redest«, flüsterte ich. Er wusste nicht, wie es war, wenn der Fluch aus einem herausbrach. Haus und Hof verschlang, mit unsichtbaren Händen um sich griff und zerstörte, was greifbar war. Wie einsam es wurde, wenn man weggeschickt wurde von denen, die man doch liebte. Die Angst in ihren Augen zu sehen hinter all den Tränen.

»Du weißt es nicht«, wiederholte ich. »Und ich möchte nicht, dass du es durchleben musst.«

Sein Strahlen verblasste und er kratzte sich am Hinterkopf. »Aber der Fluch ist endlich und... entschuldige, ich hätte es nicht sagen sollen.«

Nicht derart leichtfertig als Unbeteiligter, ja.

»Schon gut«, sagte ich dennoch und seufzte, ehe ich leise anfügte: »Danke... Und weißt du, du bist der erste, der geblieben ist.«

Und nicht nur das.

»So?«, fragte er. »Bei jemandem wie dir dachte ich...« Da war ein Schimmer auf seinen Wangen, der bis hinauf zu seinen Ohren reichte. Er sprach es nicht aus.

Ich hielt den Atem an und etwas in mir flatterte, wie ein Schwarm Vögel. Die Andeutung, die Andeutung allein!

Er räusperte sich und seine Wangen wurden noch dunkler. »Wenn das nicht gewesen wäre... was hättest du werden wollen?«

Der Themenwechsel kam abrupt, aber ich störte mich nicht daran.

»Tänzerin«, sagte ich und ein Lächeln formte sich auf meinen Lippen.

Das Wort allein und meine Gedanken leuchteten. Wärme in jeder Faser meines Körpers und eine Melodie in meinem Kopf, zu der meine Gedanken in Kleid und Tüll über einen Parkettboden schwebten.

»Tänzerin?«, wiederholte er und seine Augen erstrahlten voller Wärme.

Ich nickte. »Die Geschichten, die man mit Pirouetten erzählen kann. Durch Haltung und kleine Gesten, ich liebe es einfach. Genauso wie das Gefühl von Freiheit, während man durch Schritte wirbelt.«

Ein Lachen neben mir, glockenhell und herrlich klar, das mich völlig in seinen Bann schlug. Ich schloss meine Augen und badete in dem Kribbeln, das es durch meinen Körper jagte. In der Wärme, in meinem Bauch, dem Flattern – in allem! – und ich konnte nicht anders, als leise mit einzustimmen.

Dann erhob er sich abrupt und wo eben noch Wärme war, wo ich mich gerade noch aufgehoben und gut gefühlt hatte, griff nun Kälte nach mir und ließ mich erschauern. Ich fröstelte und wusste nicht, was passiert war. Was anders war.

Seine schlanken Finger erschienen vor mir. »Darf ich bitten?«

»Was?«, sagte ich und schüttelte den Kopf. Ich verstand nicht?

Seine Hand winkte auffordernd und als ich sie ergriff, zog er mich galant auf die Beine. Die andere ein Hauch auf meiner Hüfte, während seine rechte Hand meine fest umschloss.

»Welche Geschichte möchtest du heute erzählen?« Unsere Blicke trafen sich und mir wurde heiß und kalt zugleich. Diese Augen! Ich hatte tatsächlich das Gefühl, dass sie auf den Grund meiner Seele sahen und jede meiner Wahrheiten ans Licht förderten.

Meine Kehle fühlte sich trocken an. Jetzt hier mit ihm... es gab nur eine Geschichte, die ich erzählen wollte: »Die einer verliebten jungen Frau.«

Mein Herz hämmerte gegen meine Brust. Schmetterlinge flatterten in meinem Bauch und von dort durch meinen

Körper. Seine Berührung hinterließ ein Prickeln auf meiner Haut.

Meine Wangen wurden rot und hier und jetzt, war es nicht nur eine Geschichte, die ich erzählen wollte. Es war ein Geständnis an ihn.

Vielleicht würde er es verstehen, vielleicht nicht. Aber es würde ein Moment werden, den ich nie vergessen würde.

»Oh, tatsächlich?« Er beugte sich zu mir herab. Seine Haare kitzelten über meine Wangen und seine Stimme war ein melodischer Hauch an meinem Ohr. »Die erzähle ich mit dir nur zu gerne.«

Meine Knie wurden weich. Er hatte es verstanden.

»Nur mit dir.«

Er führte mich sanft durch all den Schmutz des Lagers, zeichnete mit mir

Kreise in den Staub, während der Schein des niederbrennenden Lagerfeuers unsere Schatten über die Zeltwände flackern ließ.

Zum ersten Mal seit Jahren hatte ich das Gefühl frei zu sein, genoss es, wie meine langen Haare um mich herum wirbelten und wie er mich zu immer neuen Pirouetten leitete, bis mir schließlich ein glockenhelles Lachen über die Lippen perlte.

Als wir uns am Ende eines langen Abends lächelnd, aber vollkommen außer Atem gegenüberstanden und ich wusste, dass es nun Zeit werden würde, sich für die Nacht zu verabschieden, war ich es, die meine Hände erst an seine Seiten legte und ihn dann in eine Umarmung zog.

Auch seine Arme schlossen sich um mich und als ich mich auf die Zehenspitzen stellte, um ihm einen Kuss auf die Wange zu geben, drehte er seinen Kopf. Ich spürte ein Lächeln unter seinen Lippen.

Ein Sturm brach in mir los und war wirklich froh, dass er mich noch immer hielt.

»Treffen wir uns morgen wieder?«, flüsterte er leise. »Jetzt, wo ich mich endlich getraut habe.«

Ich wusste nicht, womit ich das verdient hatte. Aber ich wollte es auch nicht in Frage stellen.

»Ja«, gab ich zurück. »Immer.«

Es würde eine Zeit kommen, da mussten wir getrennte Wege gehen. Aber warum jetzt daran denken? Das waren Probleme für morgen, nicht für Jetzt.

Ich lächelte und er strich mir eine Strähne aus dem Gesicht. »Du bist so schön, wenn du lächelst.«

Und später, viel später nach dutzenden anderen Heerlagern:

»Bleib bei mir, bitte.« Ein Flüstern in der Nacht. Ein Hauch an meinem Ohr.
  Danach weiche Lippen und ein Sturm in meinen Körper umfangen von hellen Augen und sanften Berührungen. »Das Leben ist so viel mehr als das.«

A world free - Epilog

„Und, was sagst du?", fragte der Elf.

Die Frau sah sich um. Die Augen weit, der Mund geöffnet. Über ihr nichts als Baumkronen in denen kleine Häuser hingen. Und zwischen den Ästen: schimmerndes Licht und strahlende Wärme.

„Ich hab es mir ganz anders vorgestellt." Ein Dorf wie ihres, ein paar Hütten um einen weiten Platz. Das hier war so viel mehr, so viel freier. „Ich liebe es."

Die Augen des Elfen leuchteten und sie spürte seine Hand in ihrem Rücken. Eine Wärme, die ihr Herz berührte.

Ein Lächeln formte sich auf ihren Lippen und sie sah wieder hinauf. Zu Blatt und Zweig, zu Ast und Stamm und den vielen kleinen Plattformen und Brücken dazwischen. Der Wind ein Rascheln im Geäst, ein feiner Singsang, der in ihr widerhallte.

„Möchtest du bleiben?" Eine leise Frage in der Stille. „Jetzt, wo alles vorbei ist?"

Der Fluch, der Kampf, eine ferne Erinnerung. Nur sie selbst noch gezeichnet mit diesen Mustern auf der Haut. Sie würden nie verblassen, die Blicke niemals Enden, das Geflüster – *Guck', sie war eine von denen!*

Ja, eine von denen, die gekämpft hatten. Eine von denen, die das Muster geschlossen und die Dämonen zurückgedrängt hatten. Dahin, wo sie herkamen, mit ihren eigenen Waffen, der Krankheit, die sie mit sich gebracht hatten: der Magie.

Sie könnten es noch immer übertragen! Sie ist noch nicht vollständig bedeckt! Die Frau hatte sie gesehen, die vielen Massen um Rednerpulte, die Menschen mit glitzerndem Schmuck und Hüten dahinter. Sie alle hatten ein kaltes Lächeln getragen und Worte verbreitet, die die Masse zum Jubeln brachte. Kälte gesät. *Verstecken, verstecken! Weg mit ihnen!* Ihr war so kalt geworden.

Dieser Wald hingegen. Er neben ihr...
Es war so anders.

„Ja", sagte sie leise und wandte sich zum Elfen. Auch auf seiner Haut, feine Linien. Niemand hatte etwas dazu gesagt. Niemand der seinen. „Wenn ich bleiben darf."

Seine Arme umfingen sie, seine Lippen ein warmes Lächeln. „Natürlich. Immer."

Zeitfracht Medien GmbH
Ferdinand-Jühlke-Straße 7
99095 Erfurt, Deutschland
produktsicherheit@kolibri360.de